Emilie

Aurélie Bertrand

SACS ET TROUSSES

Photos
Sylvie Vernichon

avec la collaboration
de SINGER

HACHETTE

Sommaire

Avant-propos

Ce livre vous invite à vous faire plaisir,
et à faire plaisir, sans être une couturière émérite.
Le manque d'expérience peut être compensé
par la patience et la créativité.
Parmi les modèles proposés, certains sont très simples
et vous permettront de vous faire la main.
Les sacs et les trousses sont des accessoires de
notre quotidien. Chacune se souvient
d'une trousse d'écolière ou d'un sac fétiche.
À vous maintenant de fabriquer
un modèle unique, à conserver, ou à offrir.
Toutes les fantaisies sont permises,
et vous pourrez aussi personnaliser votre ouvrage.
Nous vous conseillons, avant de vous
mettre au travail, de lire attentivement les techniques
de base et les conseils donnés au début du livre.
C'est à vous de coudre... Bonne chance
et bonne réalisation !

Les bases de la couture

Avant de commencer la confection d'un sac ou d'une trousse, il faut posséder quelques notions techniques fondamentales. Passer un peu de temps à la lecture et à la compréhension de ces conseils vous aidera pour la suite. Ne vous méprenez pas sur le sens des termes piquer et coudre. « Piquez » signifie coudre à la machine, « coudre » suppose le seul usage de la main.

Le matériel

Avant de commencer, munissez-vous toujours du matériel suivant :

- Aiguilles à coudre
- Épingles
- Épingles à nourrice
- Ciseaux droits et ciseaux cranteurs
- Cutter
- Règle graduée
- Craie de tailleur
- Fer à repasser
- Machine à coudre
- Carton

Le choix des tissus

L'idéal est d'utiliser un tissu assez épais ou un matelassé. Vous pouvez aussi recourir à la technique du carton contrecollé sur l'envers d'un tissu, ou intercalé entre deux tissus, afin de maintenir une forme.

Si vous utilisez un plastique, choisissez-en un facile à piquer au rayon des tissus en Nylon et imperméables des grands magasins.

Une astuce à connaître

Ajoutez à tous ces modèles la « valeur de couture » qui est de 1,5 cm pour les coutures et les ourlets. *Par exemple :* pour réaliser un sac carré de 27 cm de côté, vous devez couper un carré de 30 cm (27 cm + 1,5 cm de chaque côté).

Les mesures des tissus données dans le texte incluent les valeurs de couture nécessaires à la confection des ourlets et des coutures.

En revanche, les mesures données sur les patrons sont hors « valeurs de couture ». Lorsque vous devez découper la forme du patron dans le tissu, n'oubliez donc pas d'ajouter les valeurs de couture.

Bâtir

Avant d'assembler à la machine ou de poser une fermeture à glissière, il est préférable d'épingler ensemble les différents éléments pour les bâtir. Cette étape consiste à assembler à grands points plusieurs morceaux de tissu avant de les coudre. Le point d'un bâti doit toujours être assez lâche et long pour être retiré sans peine. Avec le bâti, vous avez le brouillon de votre travail, le piqué vous permet d'obtenir le résultat final.

Ouvrir une couture

Il s'agit de repasser les deux bords de la couture qui dépassent sur l'envers de l'assemblage, puis de couper ces bords à 1 cm de la couture.

Anses et bretelles

Découpez autant de rectangles de tissu que nécessaire aux mesures indiquées. Pliez chacun en deux parties égales, endroit contre endroit, sur la largeur. Piquez sur toute la longueur à 1,5 cm du bord. Coupez le tissu à 6 mm du bord de la couture. Retournez les bandes à l'aide d'une épingle à nourrice, qui, placée à une extrémité, facilitera le retour sur l'endroit. Repassez la bande.

Pose d'une fermeture à glissière (zip)

C'est le must ! Discrète, elle s'utilise surtout pour les sacs et trousses recouverts de tissu léger. Sachez qu'il existe aussi des fermetures à glissière invisibles, de dimension standard (10, 20 ou 40 cm) qui peuvent s'adapter à votre mesure.

Pour poser une fermeture

1 *Épinglez la fermeture à glissière sur l'envers du tissu, envers de la fermeture vers vous. Fermez-la toujours avant de bâtir, afin d'éviter le décalage des mailles.*

2 *Cousez la fermeture avec le pied ganseur de votre machine ou à la main sans oublier de piquer aussi les extrémités.*

Pour piquer facilement une fermeture à glissière à la machine, suivez ces conseils.

- Mettez en place le pied ganseur de votre machine. Grâce à sa forme qui lui permet d'éviter la chaîne du zip, vous obtiendrez une piqûre soignée.
- De haut en bas, faites une piqûre rectiligne à 5 mm de la chaîne. Laissez l'aiguille piquée dans le tissu, relevez le pied, tournez votre ouvrage à angle droit et piquez très doucement le bout du zip.
- Relevez le pied tout en laissant l'aiguille dans le tissu, tournez à angle droit et terminez la piqûre à 5 mm de la chaîne, du bas jusqu'en haut.

3 *Ouvrez la fermeture avant de poursuivre la réalisation de votre ouvrage.*

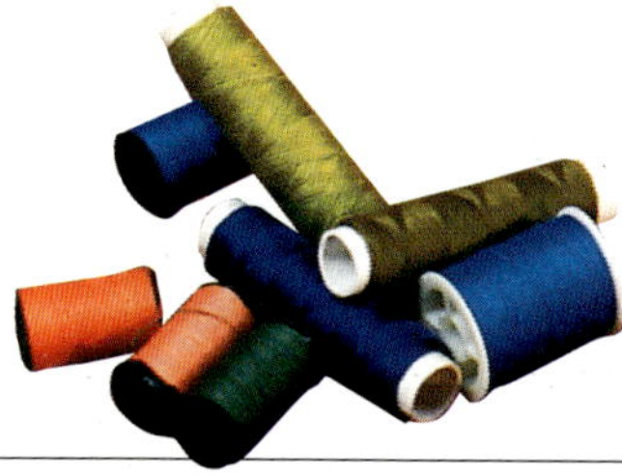

Fermeture avec une bande Velcro
(ruban auto-agrippant)

C'est une variante de la fermeture à glissière qui vous permettra de réaliser vos sacs très facilement.

1 *Faites un rabat avec un petit rentré de part et d'autre de l'ouverture du sac. Il doit être un peu plus large que votre ruban auto-agrippant (3 cm), pour que vous puissiez l'y coudre.*

2 *Marquez les plis du rabat au fer. Réglez la température de votre fer en fonction du tissu utilisé. S'il est épais, vous pouvez vous servir d'une pattemouille (linge humide) pour marquer ces plis.*

3 *Épinglez soigneusement les deux faces du ruban auto-agrippant sur le rabat. Placez les épingles perpendiculairement au Velcro.*

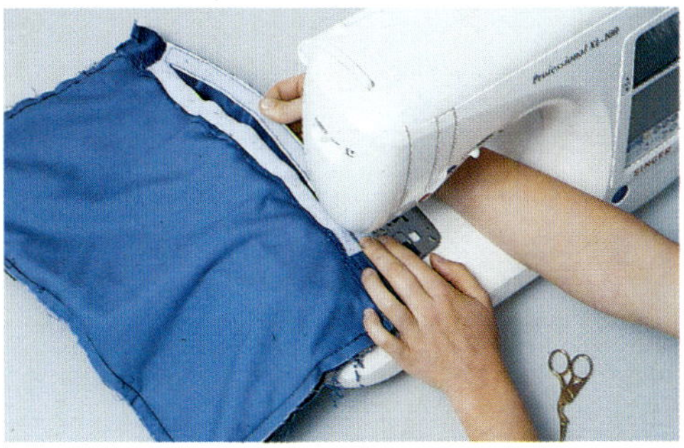

4 *Cousez à la machine ou à la main chacune des 2 parties du ruban auto-agrippant sur chacune des 2 faces du rabat de 3 cm.*

Pastilles Velcro

Elles se présentent sous la forme de petites pièces rondes de Velcro. Fixez-les par une piqûre en triangle sur la pastille elle-même.

Point de bourdon

C'est un zigzag serré. Réalisé à la machine, il sert à la décoration du tissu.

Assemblage du contour d'un cercle avec le bord d'un tissu rectangulaire

Après avoir piqué la couture arrondie convexe à 1,5 cm du bord, crantez les bords à 6 mm de la couture pour lui donner de la souplesse.
Pour une couture concave, crantez en enlevant de petits triangles de tissu, ce qui donnera des coutures plates.

Ourlet

Repliez 1,5 cm de tissu et repassez ce petit rabat. Confectionnez ensuite un rentré de 6 mm au fer à repasser, épinglez et piquez à la machine.

Pose d'un biais

Avec un bord arrondi, ou pour obtenir une finition plus soignée avec un bord droit, il faut utiliser une bordure en biais. On trouve du biais prêt à l'emploi dans les magasins spécialisés.

La pose d'un biais à bord droit se résume à trois opérations

1 *Posez le biais sur l'envers du tissu en défaisant le rentré et en piquant le long de son pli pour être sûr de piquer droit.*

2 *Repliez le biais de façon qu'il soit à cheval sur la bordure du tissu.*
Enfin, fixez-le en piquant sur l'endroit du tissu le plus prêt possible de la couture.

BIOTERM

Ambiance aquatique

Les vacances ne sont pas de tout repos
pour les sacs et les trousses ! Serviette, maillot de bain,
vêtements de rechange... hop ! l'affaire est dans
le sac marin, et direction la plage de sable fin.
Dans un autre style, le sac paréo, coquet et élégant, peut
devenir l'accessoire indispensable de votre été.
Si vous êtes chargée, choisissez le sac coquillage pour
vos balades sur la terre ferme, et le sac batelier pour
vos escapades au grand large.
Quant à la trousse-sauvetage, elle est utile en toutes
circonstances, pour ramasser des coquillages,
ou pour y fourrer la crème bronzante.

Sac marin

Temps de réalisation : 3 heures

F O U R N I T U R E S

- *1 m de tissu réversible en imprimé marin*
- *1,60 m de bout marin*
- *45 cm de bande Velcro*
- *4 œillets (2 cm Ø)*
- *Fil assorti*

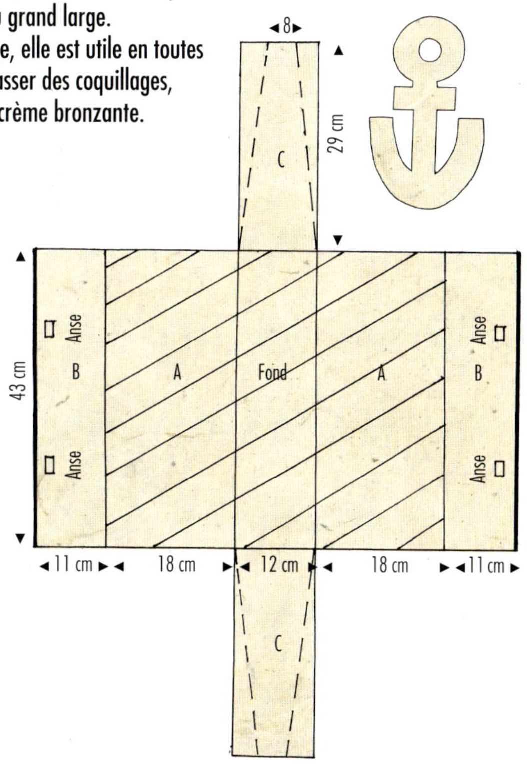

1 *Dans l'imprimé marin, côté foncé, coupez 1 rectangle de 46 x 51 cm (A) et 2 triangles : grande base 15 cm ; petite base 11 cm ; hauteur 32 cm.*

2 *Dans l'imprimé marin, côté clair, coupez 2 rectangles de 14 x 46 cm (B).*

3 *Après avoir repassé les différents morceaux du sac, assemblez à la machine, endroit contre endroit, les parties A avec B, puis C avec A en suivant les indications du patron.*

4 *Assemblez ensuite AB avec CA pour former l'épaisseur du sac. Ourlez le haut des côtés.*

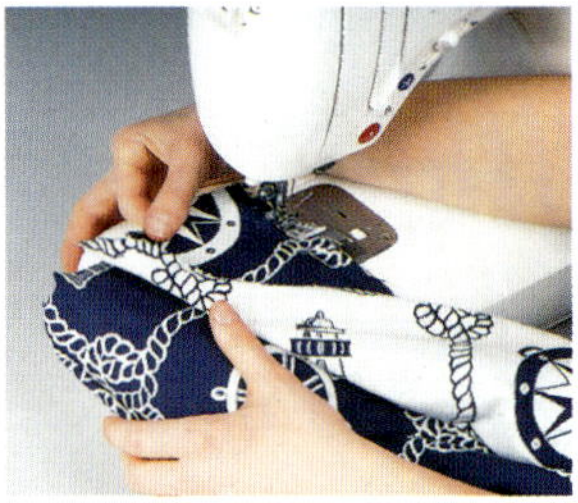

5 *Faites un rentré sur l'endroit d'un des côtés de l'ouverture. Piquez-y une longueur de la bande Velcro.*

6 *Faites un revers sur l'envers de l'autre partie de l'ouverture, puis piquez-y l'autre longueur de la bande Velcro.*

7 *Clipsez 2 œillets sur chaque ouverture, puis nouez une longueur de bout à chaque œillet.*

Sac paréo

Temps de réalisation : 1 heure 30

FOURNITURES

- *1 m de tissu de coton imprimé*
- *3 m de biais blanc*
- *Fil assorti*

1 *Dans le coton, coupez 2 fois la forme du patron, sans oublier d'ajouter la valeur ourlet sur le haut du sac.*

2 *Superposez les 2 formes envers contre envers et piquez le tour et les côtés indiqués en gras.*

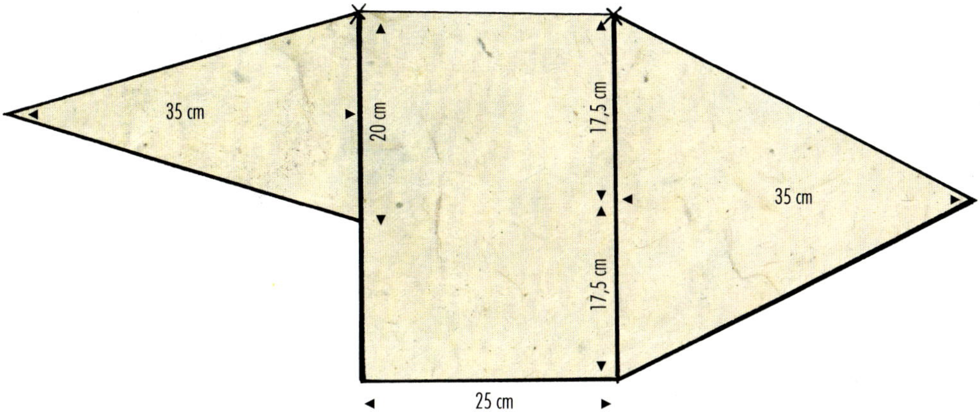

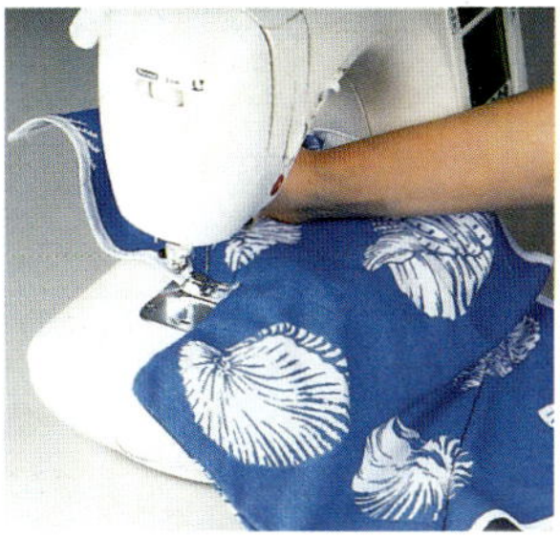

3 *Cousez le biais sur tout le contour du sac (voir p. 7). Ourlez l'ouverture du sac.*

4 *Dans le tissu, coupez 1 bande de 86 x 7 cm pour l'anse. Pliez-la en deux, endroit contre endroit sur sa largeur. Piquez la longueur. Retournez.*

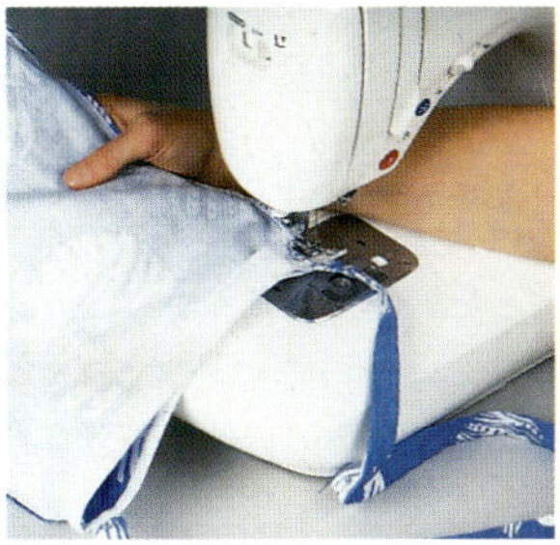

5 *Piquez les extrémités de l'anse aux endroits marqués d'une croix sur le patron, à l'intérieur du sac.*

6 *Nouez les pans du sac comme un paréo.*

Sac coquillage

Temps de réalisation : 2 heures

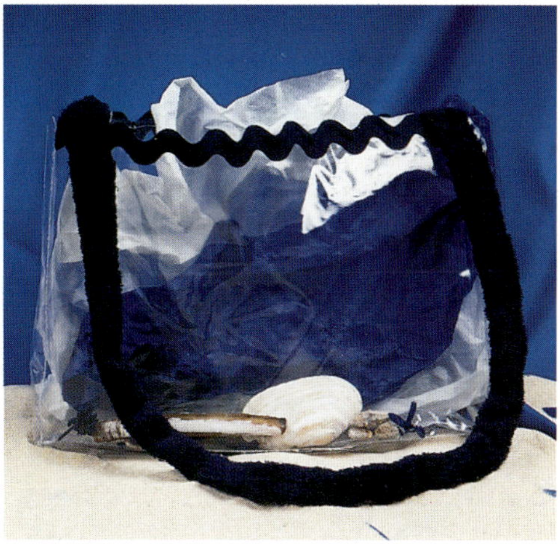

FOURNITURES

- *50 x 140 cm de plastique transparent*
- *Pastilles Velcro*
- *90 cm de gros galon*
- *90 cm de croquet de 3 cm*
- *Coquillages*
- *Fil assorti*

1 *Dans le plastique transparent, coupez 4 rectangles de 39 x 27 cm. Assemblez-les à la machine deux par deux en laissant une longueur ouverte. Piquez à grands points le plastique pour éviter qu'il ne se déchire.*

2 *Mettez à l'intérieur de chaque poche quelques coquillages, puis piquez l'ouverture à 1 cm du bord pour fermer chaque poche.*

Mon conseil

Faites plusieurs coutures dans le rectangle de plastique pour maintenir les coquillages à différents niveaux.

3 *Dans le plastique transparent coupez 1 bande de 95 x 11 cm. Piquez-la, endroit contre endroit, sur 3 côtés des 2 rectangles pour former l'épaisseur du sac. Retournez délicatement.*

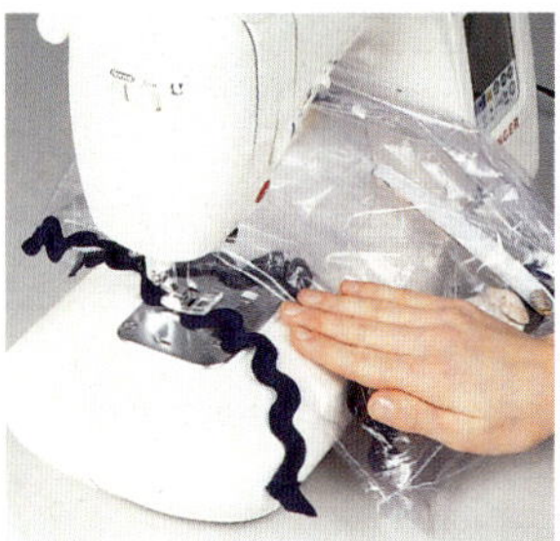

4 *Piquez le croquet de chaque côté de l'ouverture, à 1 cm du bord. Posez quelques pastilles Velcro sur les courbes du croquet* *(voir p.7).*

5 *Coupez 82 cm de galon pour faire l'anse du sac et piquez ses extrémités sur l'épaisseur du sac, de part et d'autre de l'ouverture.*

Sac batelier

Temps de réalisation : 2 heures

F O U R N I T U R E S

- *50 x 90 cm de toile*
- *Fil pour tissus épais*
- *6 œillets*
- *2 bouts marin de 2 m*

1 *Dans la toile, coupez un rectangle de 47 x 71 cm. Pliez-le en 2, endroit contre endroit et piquez la hauteur du sac.*

2 *Dans la toile, coupez 1 cercle de 20 cm de diamètre. Assemblez à la machine, endroit contre endroit, ce fond de sac avec le haut du sac. Retournez.*

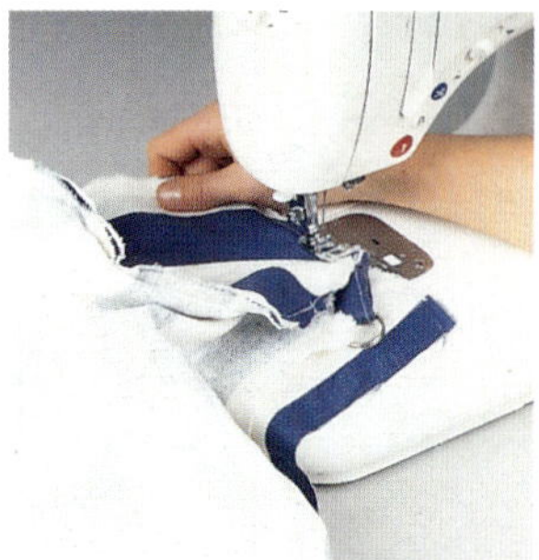

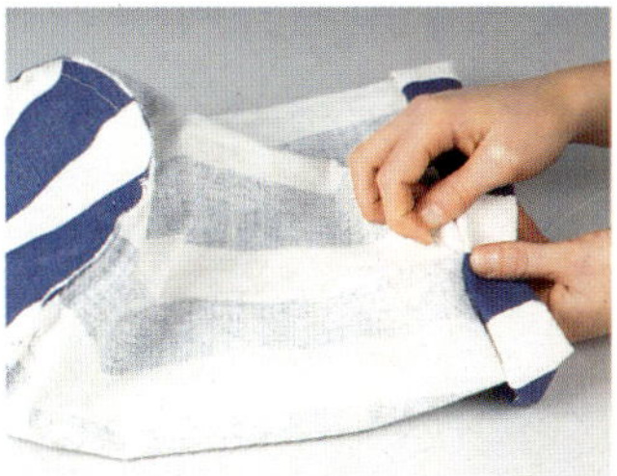

3 *Surfilez l'ouverture du sac et faites un revers de 4 cm sur l'envers du sac.*

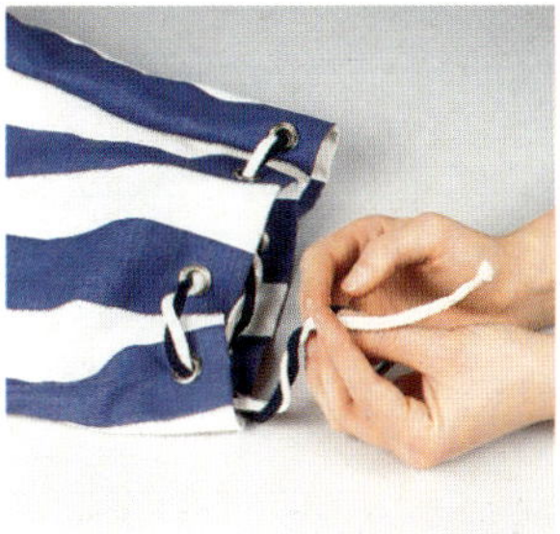

4 *Posez 1 œillet tous les 8 cm. Pour constituer la cordelière, tressez les 2 bouts ensemble et nouez bien les extrémités.*

5 *Passez la cordelière dans les œillets puis fixez les 2 extrémités à la base du sac.*

Trousse-sauvetage

Temps de réalisation : 2 heures

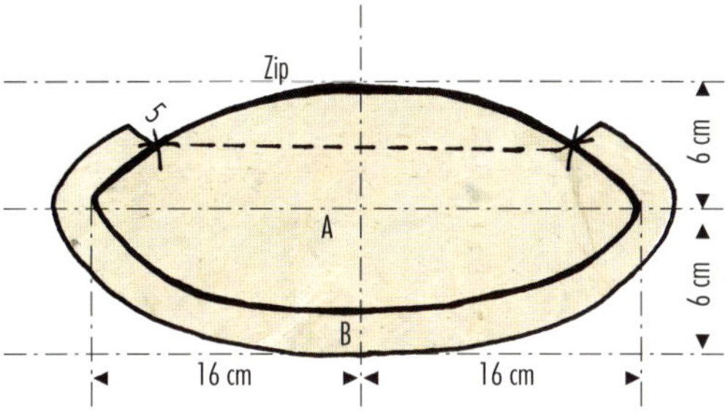

F O U R N I T U R E S

- *25 x 90 cm d'éponge*
- *1 zip de 30 cm*
- *1 feutre indélébile*
- *Fil assorti*
- *10 x 20 cm de plastique transparent*
- *1 sifflet*

1 *Dans le tissu, coupez 2 rectangles identiques de 15 x 35 cm. Découpez dans chacun, la forme (A) indiquée sur le patron.*

2 *Dans le plastique, découpez 2 cercles de 9 cm de diamètre. Dessinez sur chacun un hublot avec le feutre indélébile ou découpez un motif que vous positionnerez sous le plastique. Positionnez chaque hublot au centre de chaque forme, puis surpiquez à 5 mm du bord du dessin.*

3 *Dans le tissu éponge, coupez 1 bande de 46 x 8 cm (B). Assemblez à la machine, endroit contre endroit, les longueurs de la bande avec les deux formes. Retournez et piquez les épaisseurs.*

4 *Posez et piquez la fermeture à glissière ouverte sur l'ouverture.*

5 *Attachez, avec du fil, le sifflet au fermoir.*

Ambiance quatre-saisons

Les saisons se suivent et ne se ressemblent pas !
Alors, voici quatre sacs à utiliser selon le temps... et l'envie.
Le sac hiver vous réchauffera, il peut se transformer en manchon.
Les sacs printemps, été et automne
s'harmoniseront avec les couleurs des saisons, et si jamais
il pleut, rien de mieux qu'un sac imperméable.

Sac d'hiver

Temps de réalisation : 2 heures

F O U R N I T U R E S

- *20 x 40 cm de fausse fourrure*
- *1 zip de 20 cm*
- *1 m de cordelette noire à pompons*
- *Fil assorti*

1 *Pliez le tissu en 2 parties égales, endroit contre endroit.*

2 *Piquez la fermeture à glissière au niveau des deux largeurs mises bord à bord. Retournez.*

3 *Faites, à la main, une couture transversale à 6 cm de la fermeture à glissière.*

4 *Insérez et cousez 1,5 cm de cordelette de chaque côté de la fermeture à glissière.*

5 *Cousez les ouvertures situées de part et d'autre de la fermeture à glissière et de la couture transversale, pour créer la partie sac. Renforcez l'intersection avec la cordelette.*

Mon conseil

Pour piquer la fourrure, utilisez une aiguille « spéciale cuir ». Sinon, exécutez les coutures à la main.

Sac d'été

Temps de réalisation : une journée

FOURNITURES

- *50 x 90 cm de coton orange*
- *3 pastilles Velcro*
- *15 x 90 cm de coton jaune*
- *Fil assorti*

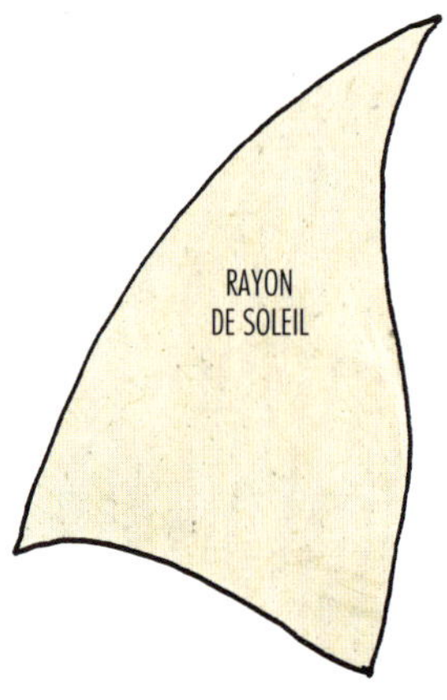

1 *Dans le tissu orange, coupez 2 cercles de 31,5 cm de diamètre pour le sac.*

2 *Dans le tissu jaune, coupez 1 cercle de 12 cm de diamètre, et 11 rectangles de 5 x 4 cm pour faire le soleil.*

3 *Sur chacun des rectangles, reportez le rayon de soleil et découpez-les.*

4 *Épinglez le cercle jaune bien au centre de l'un des cercles oranges, puis les 11 rayons tout autour du cercle.*

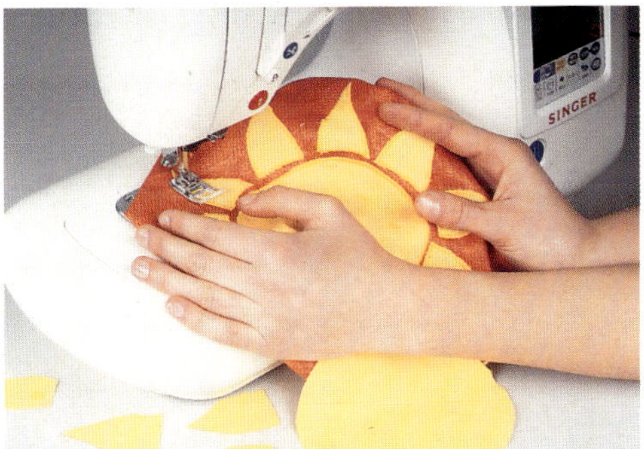

5 *Piquez au point de bourdon le contour du soleil et les rayons.*

Mon conseil

Vous pouvez aussi piquer au point de zigzag.

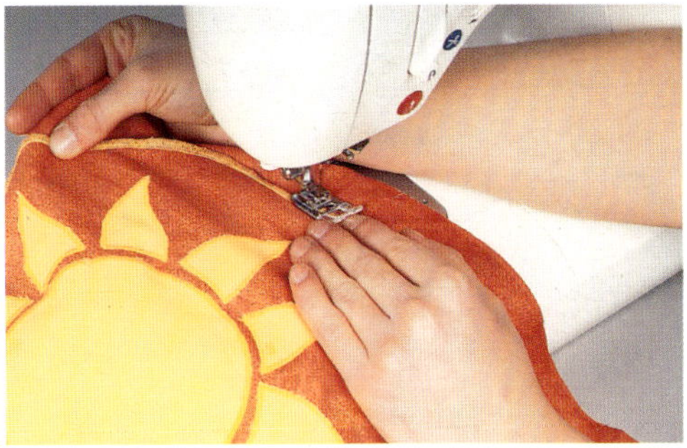

6 *Dans le tissu orange, coupez 1 bande de 72 x 9 cm et assemblez-la à la machine, envers contre envers, avec chaque cercle orange pour former l'épaisseur du sac.*

7 *Surfilez les contours des 2 cercles du sac au point zigzag ou au point de bourdon.*

8 *Dans le tissu orange, coupez 2 bandes de 41 x 8 cm pour les anses. Pliez-les en deux parties égales, endroit contre endroit, sur la largeur. Piquez-les dans la longueur et retournez-les.*

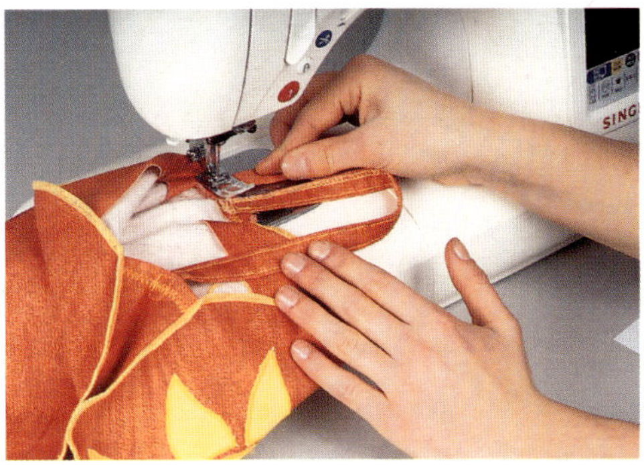

9 *Sur l'envers de chaque épaisseur du sac, piquez une extrémité de chaque anse.*

10 *Piquez les pastilles Velcro au niveau de l'ouverture du sac (voir p. 7).*

Sac de printemps

Temps de réalisation : 2 heures

F O U R N I T U R E S

- *50 x 90 cm de tissu vert*
- *Fil assorti*
- *2 pompons*
- *1 m de ruban assorti*

1 *Dans le tissu vert, coupez 2 rectangles de 49 x 34 cm.*

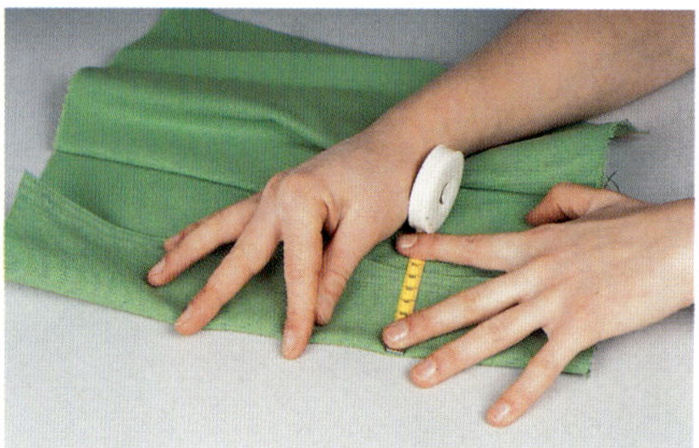

2 *Faites un rabat de 6,5 cm aux deux largeurs et à l'une des longueurs. Repassez pour marquer ces plis.*

3 *Ouvrez les 3 côtés de chaque rectangle. Superposez les 2 rectangles, endroit contre endroit, et assemblez-les à la machine en laissant une longueur ouverte.*

4 *Dans le tissu vert, coupez 2 bandes de 76 x 6 cm pour les anses. Pliez-les en deux, endroit contre endroit, sur la largeur. Piquez sur toute la longueur à 1,5 cm du bord. Retournez.*

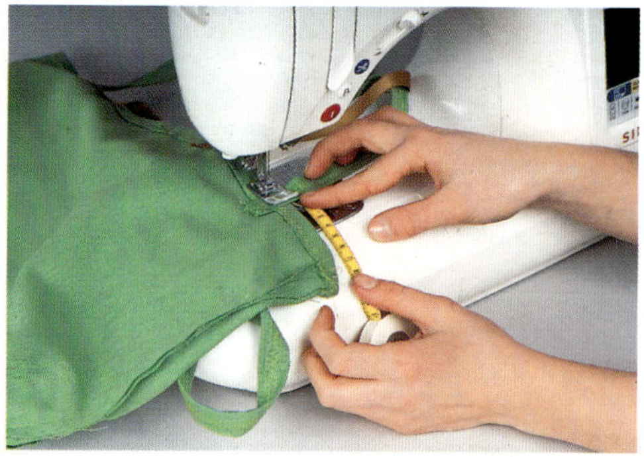

5 *À 8 cm de la couture de chaque largeur et à 1,5 cm du haut de l'ouverture du sac, piquez chaque extrémité de bande sur un même rectangle.*

6 *Retournez l'ensemble. Pliez les longueurs de façon à obtenir un fond plat de 10 cm. Piquez sur la ligne de pliage.*

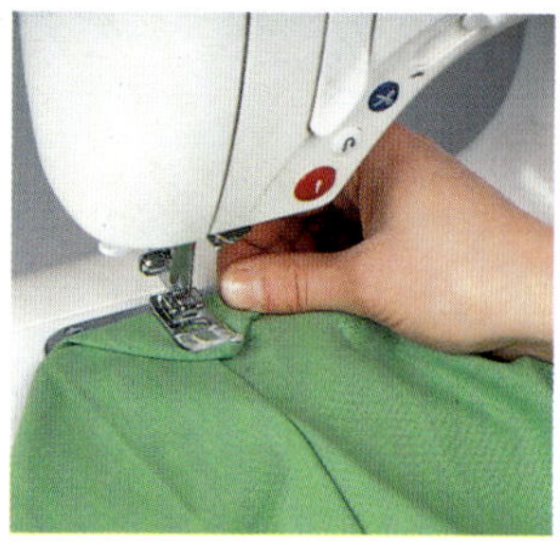

7 *Accrochez un pompon à chaque extrémité du sac et cousez des bouts de ruban pour fermer l'ouverture.*

Sac d'automne

Temps de réalisation : un après-midi

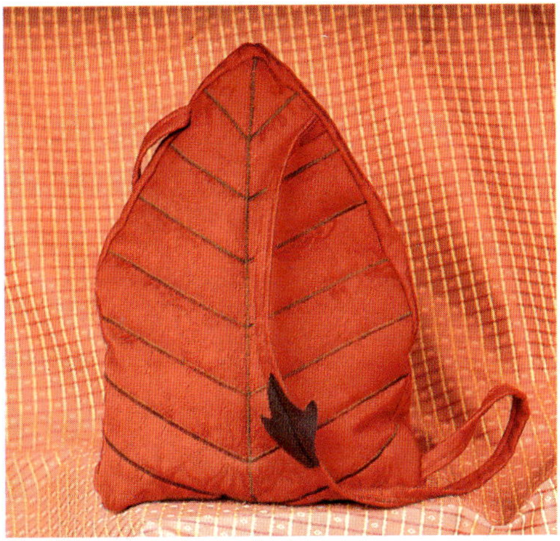

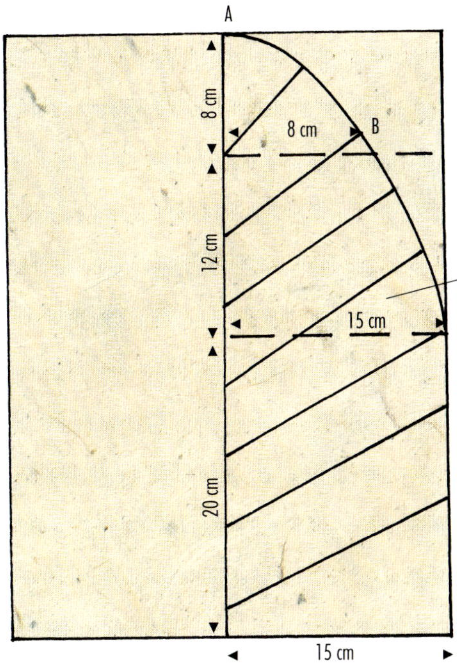

FOURNITURES

- *90 x 90 cm de tissu ocre rouille*
- *40 x 90 cm de ouatine*
- *1 zip de 30 cm*
- *20 x 25 cm de feutrine verte*
- *Fil assorti*

Côté face

1 *Coupez 2 rectangles de 33 x 43 cm dans le tissu ocre et 1 dans la ouatine.*

2 *Pour réaliser la forme de la feuille, reportez le patron sur un morceau de papier de 40 x 15 cm. Reliez les points A, B et C pour créer l'arrondi. Découpez le patron.*

3 *Pliez les 2 rectangles de tissu et celui de ouatine en 2. Épinglez-y successivement le patron en plaçant le grand bord droit sur la pliure du tissu. Coupez en ajoutant 1,5 cm de valeur de couture.*

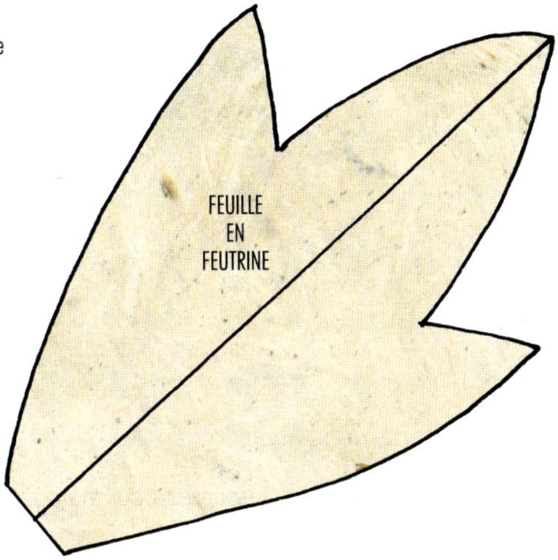

Côté dos

4 *Coupez un rectangle de 35 x 43 cm dans le tissu. Découpez un second patron, jumeau du premier.*

5 *Pliez le rectangle en 2. Marquez le pli au fer. Ouvrez le rectangle et épinglez les patrons de part et d'autre et à 1 cm de cette pliure. Découpez les contours des morceaux et le long de la pliure pour obtenir les 2 morceaux du dos.*

6 *Intercalez la feuille de ouatine entre les 2 feuilles de tissu et assemblez-les à la machine.*

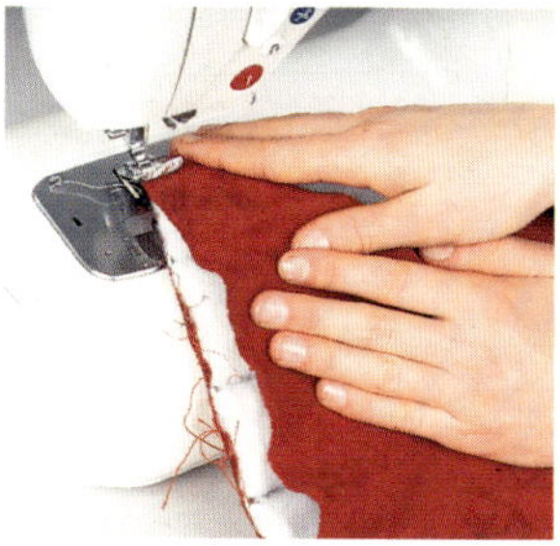

7 *Côté face, piquez les nervures de la feuille au point de bourdon, en suivant le patron.*

8 *Côté dos, piquez le zip le long de l'ouverture (voir p. 6), à 2 cm du haut du sac. Fermez le reste de l'ouverture.*

9 *Dans le tissu, coupez 1 rectangle de 14 x 29 cm. Découpez-y un ovale pour le fond du sac.*

10 *Coupez 2 bandes de 80 x 5 cm pour les bretelles. Pliez-les en 2 dans la largeur, endroit contre endroit. Piquez-les et retournez-les.*

11 *Procédez à l'assemblage des différents morceaux. Épinglez chaque bretelle sur le haut et sur l'envers de la feuille nervurée, de part et d'autre du zip.*

12 *Épinglez l'autre extrémité de chaque bretelle sur l'intérieur du fond.*

Mon conseil

Attention, veillez à positionner les bretelles de façon qu'elles soient à l'extérieur du sac lorsque vous le retournerez. Coupez les coutures à 1 cm.

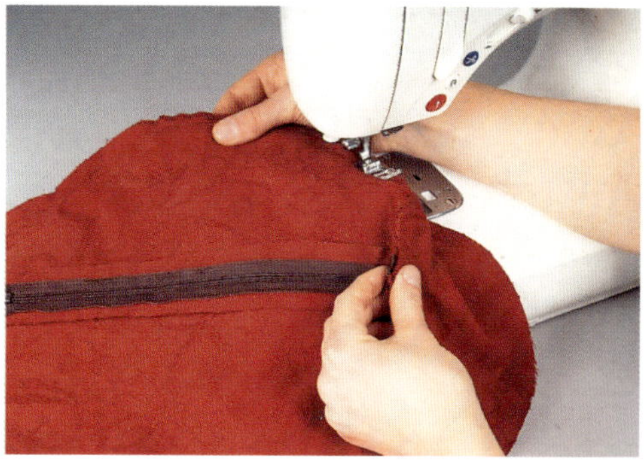

13 *Ouvrez le zip. Assemblez à la machine, endroit contre endroit, le fond avec les 2 feuilles, puis les 2 feuilles ensemble.*

14 *Pliez la feutrine en 2. Reportez-y la forme de la petite feuille et découpez-la. Piquez chaque feuille sur le bas d'une bretelle, en marquant la nervure centrale au point de bourdon.*

Sac pour temps de pluie

Temps de réalisation : 2 heures

F O U R N I T U R E S

- *50 x 140 cm de tissu imperméable*
- *1 zip de 30 cm*
- *Fil assorti*

1 *Dans le tissu imperméable, coupez 2 rectangles de 47x 35 cm (A et B) pour les faces du sac, 1 rectangle de 47 x 14 cm (C) pour le fond, et 2 rectangles de 35 x 14 cm (D et E) pour l'épaisseur du sac.*

2 *En vous aidant du patron, assemblez à la machine, endroit contre endroit, les 2 longueurs de C avec les 2 longueurs de A et B pour former le fond du sac.*

3 *Assemblez aussi les longueurs de D et E avec les largeurs de A, de B et de C pour former l'épaisseur du sac.*

4 *Piquez le zip ouvert le long de l'ouverture du sac. Retournez l'ensemble.*

5 *Pour la confection des anses, coupez 2 bandes de 76 x 7 cm dans le tissu. Pliez-les, endroit contre endroit, en deux parties égales. Piquez la longueur. Retournez-les.*

6 *À 7 cm des bords extérieurs du sac, piquez les 2 extrémités d'une anse sur une même face. Fixez la seconde anse sur l'autre face du sac.*

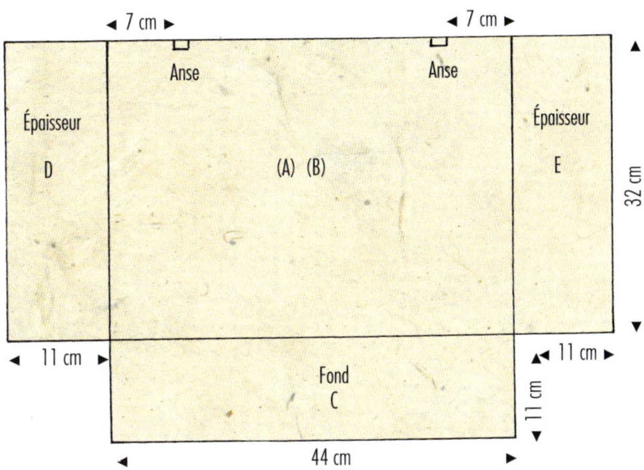

Ambiance raffinée

**Souvent l'on sous-estime l'importance de l'accessoire.
C'est pourtant le détail, la matière, ou la forme qui donne le style, qui parfait l'allure.
Choisissez donc, pour ces sacs et cette trousse, du velours,
du jacquard et de la soie. Et optez pour des motifs sobres et raffinés.**

Sac à dos

Temps de réalisation : un après-midi

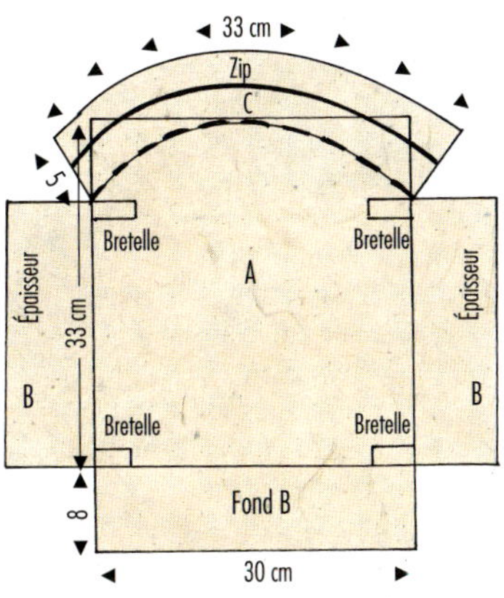

FOURNITURES

- *50 x 90 cm de fin velours côtelé*
- *1 zip de 30 cm*
- *Fil assorti*

1 *Dans le tissu, coupez 2 rectangles de 33 x 36 cm (A), 3 rectangles de 33 x 11 cm (B) et 1 rectangle de 36 x 8 cm (C). Arrondissez les 2 angles supérieurs de chaque rectangle A.*

2 *Piquez, endroit contre endroit, B et C avec A en suivant le patron. Crantez la couture arrondie qui assemble A et C avant de retourner le sac.*

BRETELLES

3 *Piquez le zip sur la partie indiquée en gras qui figure l'ouverture du sac* *(voir p. 6).*

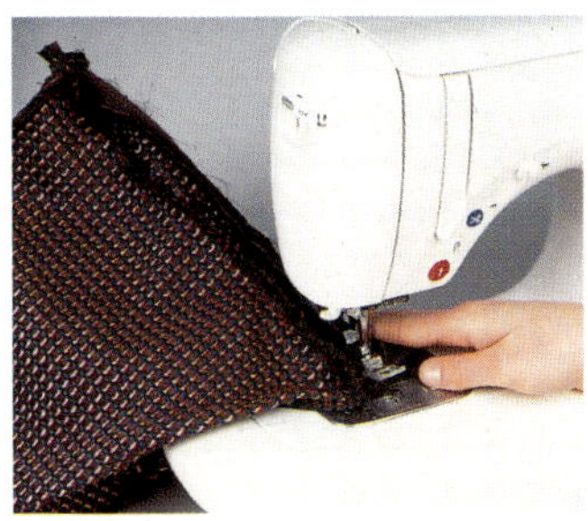

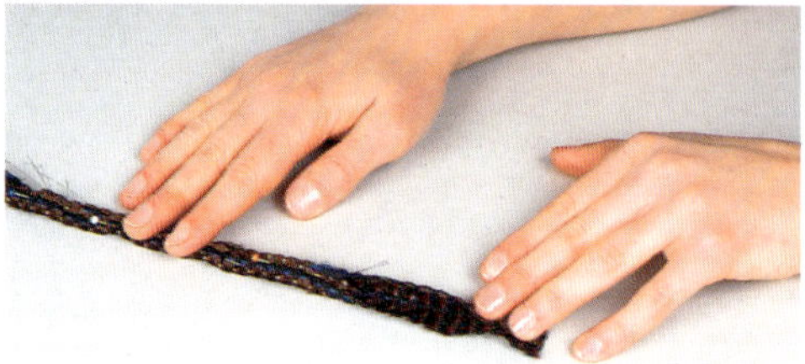

4 *Dans le tissu, coupez 5 longueurs de 80 x 3 cm (4 pour les bretelles, 1 pour les échelons). Faites un double rabat (1 cm puis 1 cm) et marquez-le au fer à repasser.*

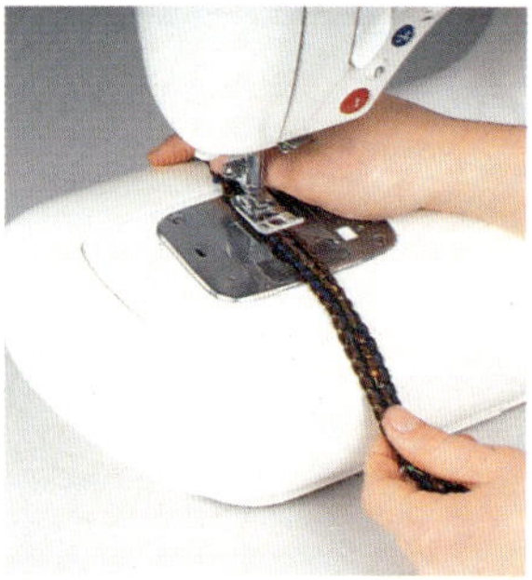

5 *Fermez chaque bande par un piqûre à 5 mm du bord ouvert, pour obtenir des bretelles. Coupez la bande pour les échelons tous les 4 cm.*

6 *Bâtissez les échelons en les insérant dans les bretelles avant de les piquer.*

7 *Épinglez les bretelles aux endroits indiqués sur le patron, à l'extérieur du sac. Fixez-les avec une piqûre en croix.*

Sac original

Temps de réalisation : 3 heures

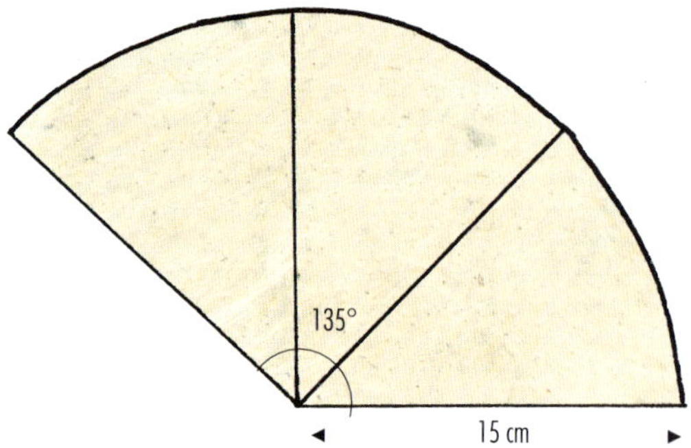

FOURNITURES

- *40 x 90 cm de velours*
- *55 x 90 cm de soie*
- *Ouatine*
- *2 pressions*
- *50 cm de ruban assorti*
- *Fil assorti*

1 *Agrandissez le patron à taille réelle. Épinglez-le sur le velours plié en deux et découpez la forme en ajoutant les valeurs de couture.*

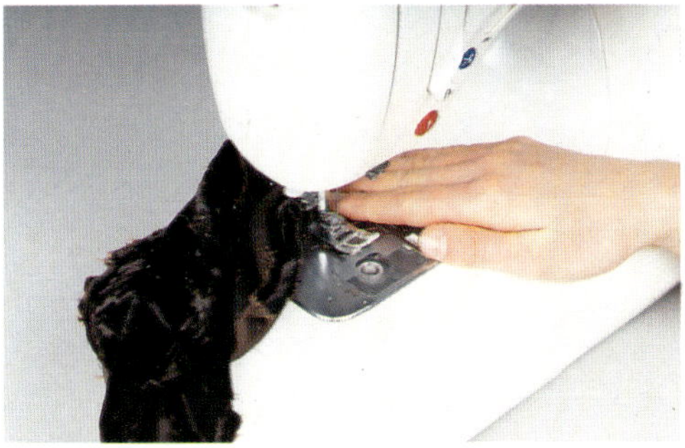

2 *Surfilez les pièces. Piquez les 2 formes, endroit contre endroit, en laissant l'arrondi ouvert.*

3 *Dans la soie, coupez 2 biais de 43 x 13 cm. Pliez chacun en 2, endroit contre endroit, et piquez la longueur. Bourrez légèrement chaque boudin de ouatine et fermez les extrémités à la main.*

4 *Piquez, endroit contre endroit, chaque boudin sur un bord de l'ouverture du sac. Crantez le surplus de couture. Assemblez à petits points les extrémités des boudins entre elles.*

5 *Posez les 2 pressions au centre de l'ouverture du sac.*

6 *Coupez le ruban en 2. Fixez un morceau sur chaque face. Nouez le ruban de façon à confectionner une anse.*

Sac à main

Temps de réalisation : un après-midi

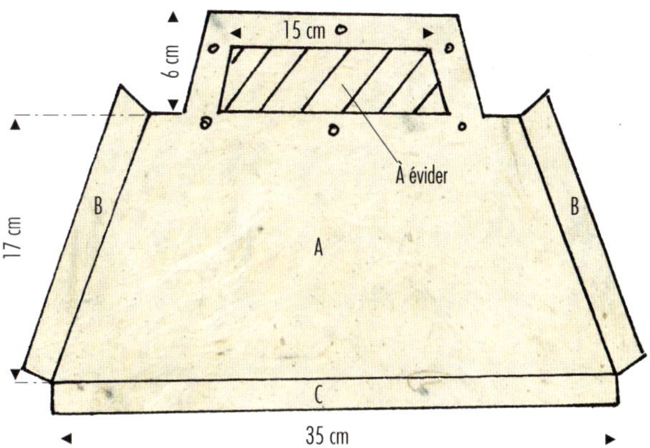

FOURNITURES

- *30 x 90 cm de tissu*
- *Fil assorti*
- *6 pressions*
- *Carton souple*

1 *Dans le tissu, coupez 4 rectangles identiques de 35 x 23 cm, pour les faces du sac.*

2 *Découpez dans chaque rectangle la forme (A) en prenant en compte la poignée du sac.*

3 *Découpez dans le carton souple 2 fois la forme (A), mais sans prendre en compte la poignée du sac. Coupez ces cartons avec sur tout le pourtour 5 mm de moins que les formes en tissu.*

4 *Dans le tissu, coupez 2 bandes de 18,5 x 6 cm (B) pour faire les côtés du sac et 1 bande de 35 x 6 cm (C) pour faire le fond.*

5 *Faites un ourlet sur le haut des 2 bandes du côté.*

6 *Bourdonnez l'intérieur des anses.*

7 *Assemblez toutes les parties du sac au point de bourdon de la manière suivante : assemblez une des faces, dans laquelle vous aurez inséré un carton, avec le fond. Assemblez ensuite les côtés au fond. Assemblez enfin la deuxième face, en ayant inséré au préalable le carton, avec le fond et les côtés ; puis, assemblez la première face aux côtés. Bourdonnez enfin le tour des anses.*

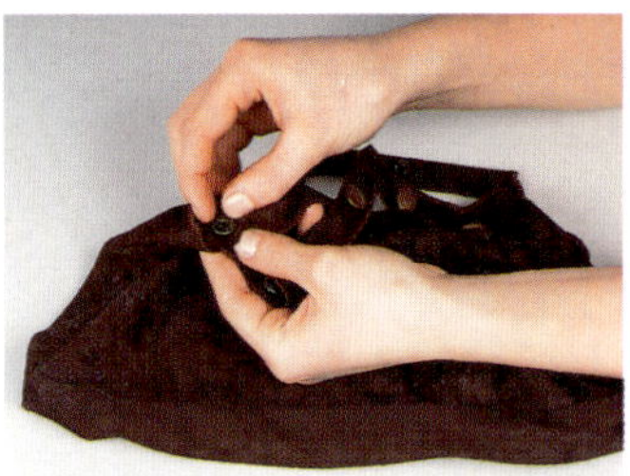

8 *Posez les 6 pressions tout autour de l'anse du sac comme indiqué sur le patron.*

Sac rigide

Temps de réalisation : une journée

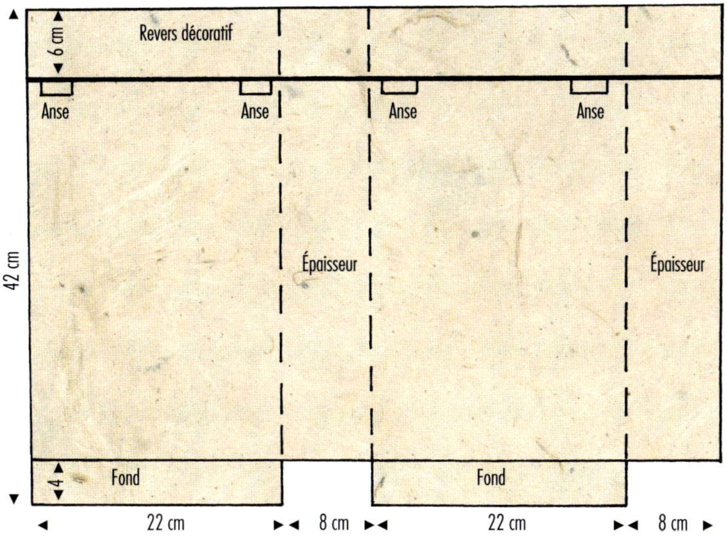

F O U R N I T U R E S

- *60 x 130 cm de tweed*
- *Colle pour tissus*
- *60 x 45 cm de carton*
- *Fil assorti*

1 *Découpez la forme du patron dans le tweed. Pliez-la, endroit contre endroit, puis piquez les différentes parties en laissant la longueur du revers décoratif ouverte. Retournez.*

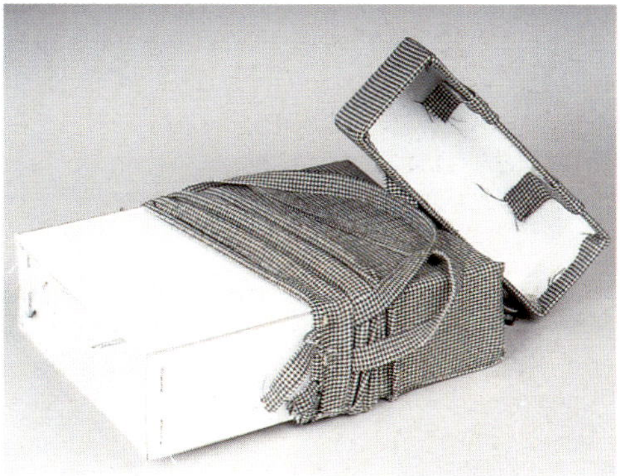

2 *Dans le carton, découpez la même forme. Introduisez-la et collez-la dans le sac.*

3 *Faites un ourlet sur la longueur ouverte (indiquée en gras sur le patron). Rabattez le tissu sur l'endroit pour obtenir un revers décoratif.*

4 *Coupez 2 bandes de 7 x 75 cm pour les anses.*

5 *Pliez chacune en deux, endroit contre endroit, sur la largeur. Piquez les longueurs. Retournez et fermez les extrémités à la main.*

6 *Piquez chaque extrémité des 2 anses aux endroits indiqués sur le patron.*

Trousse à motifs

Temps de réalisation : 3 heures

FOURNITURES

- *20 x 90 cm de jacquard*
- *1 brandebourg*
- *Fil assorti*

1 *Dans le jacquard, découpez 4 demi-cercles de 27 cm de diamètre et de 15 cm de hauteur (A).*

2 *Superposez-les 2 par 2, endroit contre endroit. Piquez les contours en laissant une partie de la circonférence ouverte. Retournez et fermez.*

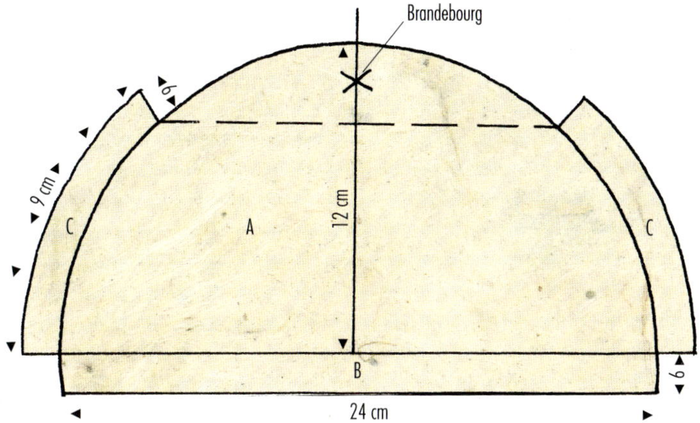

3 *Dans le jacquard, coupez 1 rectangle de 9 x 27 cm (B) pour le fond de la trousse et 2 rectangles de 9 x 12 cm (C) pour les épaisseurs.*

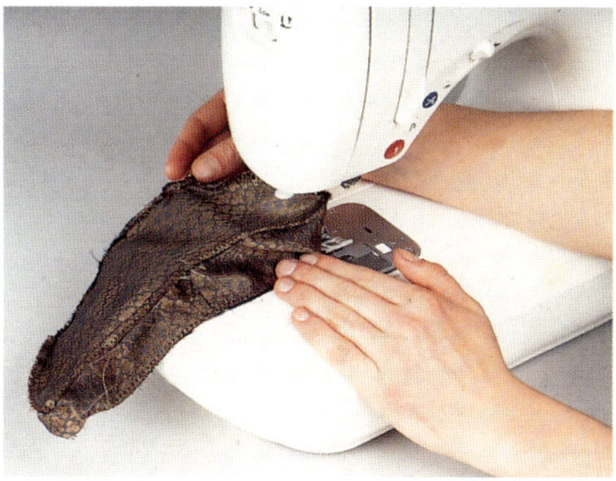

4 *Piquez les différents morceaux pour monter la trousse. Crantez les surplus de couture des arrondis avant de retourner.*

5 *Cousez le brandebourg au centre de l'ouverture. Il fermera la trousse.*

A-Z

Ambiance écolière

C'est la rentrée ! Et cette année, vos chères têtes blondes
auront les plus belles fournitures de la classe :
trousse et sacoche originales de la maternelle à l'université.
N'oubliez pas le sac de goûter et le sac de sport !

Trousse pour stylos

Temps de réalisation : 3 heures

FOURNITURES

- *40 cm x 90 cm de gros velours côtelé*
- *Fil assorti*
- *1 cordelette de 65 cm*
- *1 ressort de 40 cm*

1 *Dans le velours côtelé, coupez 1 rectangle de 43 x 25 cm.*

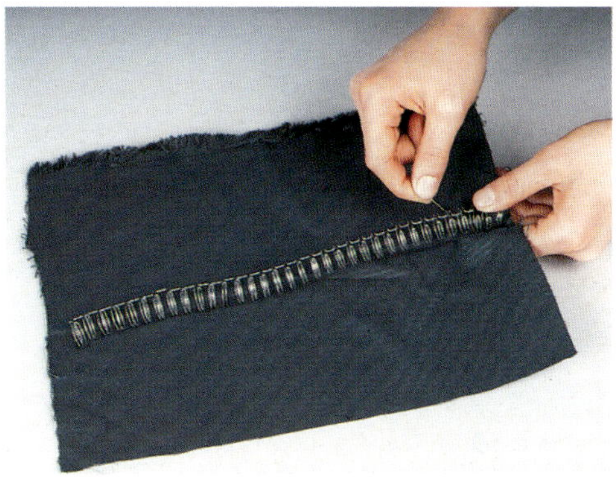

2 *Cousez le ressort sur l'envers du tissu à 11,5 cm d'une longueur.*

Mon conseil

Choisissez un ressort fin et souple afin qu'il se plie et s'adapte parfaitement à la forme de la trousse terminée.

3 *Pour maintenir le ressort, faites quelques points de 1 cm à intervalles réguliers. Grâce à ce ressort, vos stylos resteront bien droits dans la trousse.*

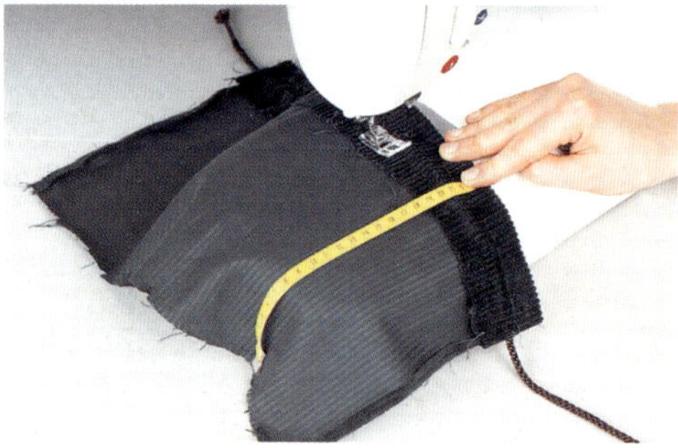

4 *Pour réaliser le passant, faites un grand revers sur l'envers de la trousse. Piquez sur toute sa longueur à 20,5 cm puis à 22 cm du fond du sac.*

5 *Dans ce passant, faites 2 fentes rapprochées pour y passer la cordelette. Surfilez-les à la main. Enfilez la cordelette à l'aide d'une épingle à nourrice.*

6 *Dans le velours, découpez un cercle de 17 cm de diamètre. Assemblez-le à la machine, endroit contre endroit, avec la trousse. Fermez la couture de côté. Retournez.*

Gibecière

Temps de réalisation : un après-midi

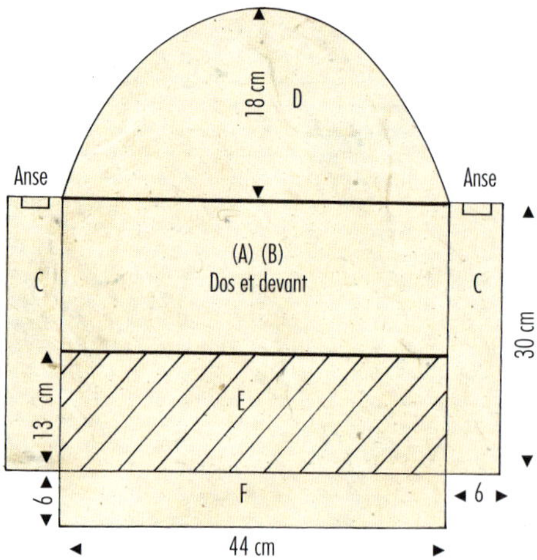

F O U R N I T U R E S

- *90 x 90 cm de tissu épais*
- *16 x 47 cm de coton de couleur*
- *1 m de sangle*
- *1 boucle de sangle*
- *Carton*
- *Fil assorti*

1 Dans le tissu, coupez 2 rectangles de 33 x 47 cm (A et B), 2 rectangles de 9 x 33 cm (C), 2 demi-cercles de 47 cm de base et 21 cm de rayon (D), et 1 rectangle de 47 x 16 cm (E) et 1 rectangle de 47 x 9 cm (F).

2 Piquez, pour les ourler, une longueur de la poche extérieure (E) et une longueur des 2 faces du sac (A et B) pour l'ouverture du sac.

3 Assemblez à la machine A et B avec C, D et F pour former les épaisseurs et le fond du sac. Pensez à inclure la poche (E) dans les coutures.

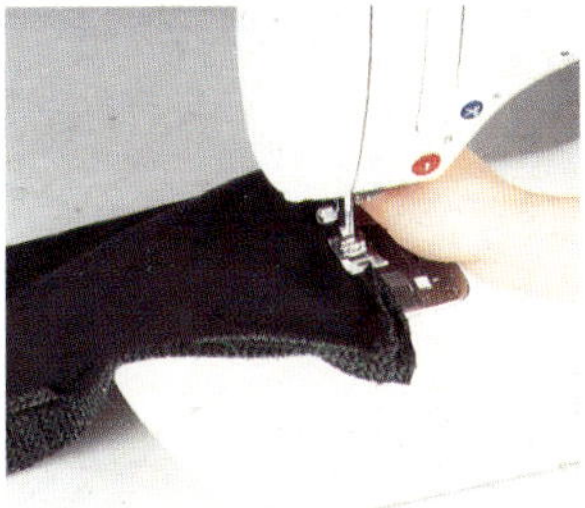

4 Assemblez, endroit contre endroit, les 2 demi-cercles (D) qui forment le rabat. Piquez le contour en laissant la base ouverte. Retournez.

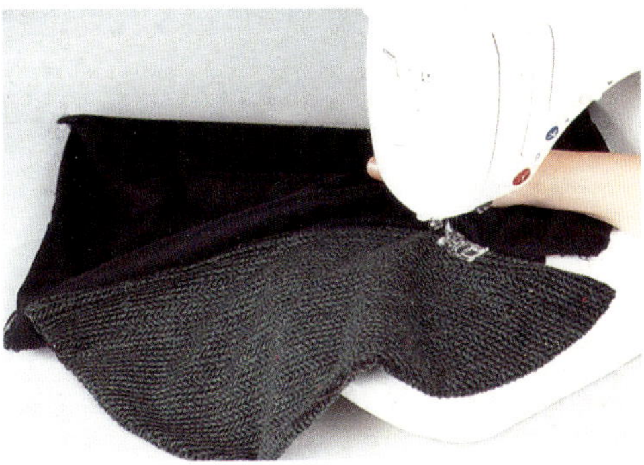

5 Piquez la base du demi-cercle sur le haut du dos du sac. Repassez la couture et réalisez quelques points pour la maintenir et la dissimuler.

Mon conseil

Pour le rabat et la poche extérieure, utilisez un tissu de couleur différente mais de même texture.

6 Enfilez la boucle sur la sangle. Piquez les extrémités de celle-ci comme indiqué sur le patron.

7 Pour obtenir un carton à dessin, coupez les morceaux du corps du sac en double afin de confectionner des poches dans lesquelles vous intercalez du carton.

Mon conseil

Vous pouvez également donner une découpe particulière au devant du sac.

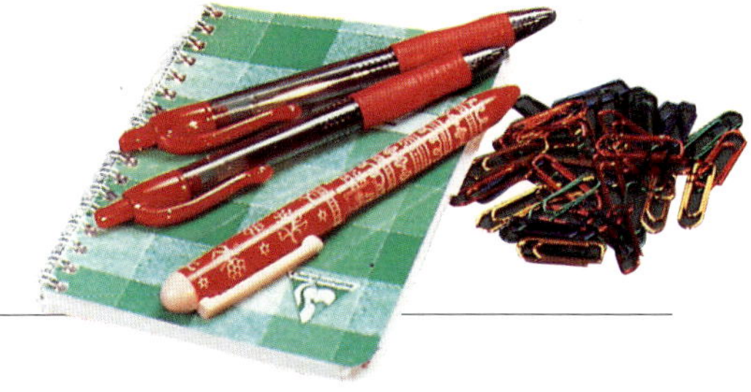

Sac de sport

Temps de réalisation : une petite journée

FOURNITURES

- 1,40 m de tissu matelassé
- 40 x 90 cm de feutrine
- Fil assorti
- 4 pastilles Velcro
- 1 zip de 50 cm
- 1,5 m de sangle

1 Dans le tissu, coupez 2 rectangles de 53 x 33 cm (A), 2 rectangles de 19 x 33 cm (B), 1 rectangle de 53 x 19 cm (C) et 2 rectangles de 13 x 18 cm (D).

2 Dans la feutrine, coupez 1 rectangle de 10,5 x 7 cm. Découpez-y un « K », placez-le sur l'une des faces du sac, comme indiqué sur le patron, et piquez ses contours.

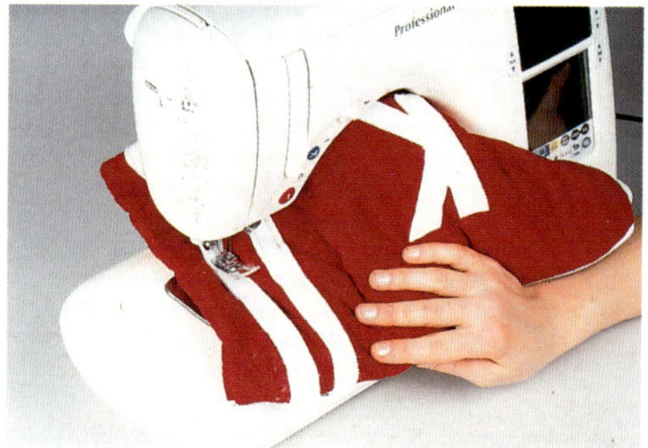

3 Dans la feutrine, coupez 4 bandes de 30 x 1,5 cm. Placez-les de part et d'autre de la lettre (voir le patron) et piquez à points droits.

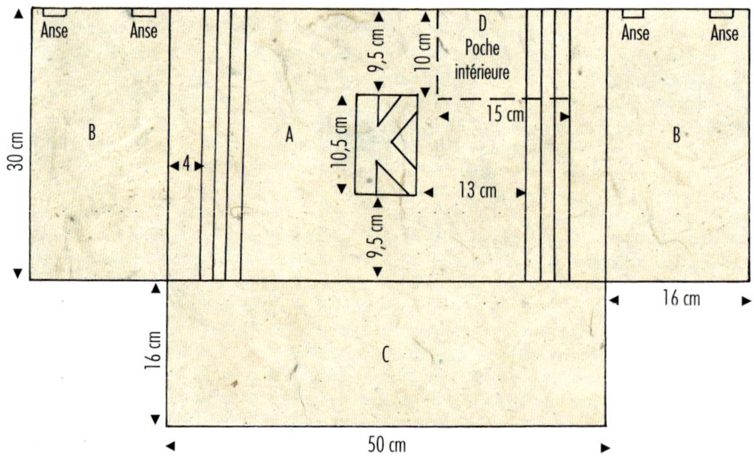

Mon conseil

Choisissez la lettre en fonction du prénom du propriétaire du sac !

4 *Superposez endroit contre endroit, puis piquez les 2 rectangles D (la poche) en laissant une longueur ouverte. Retournez. Ourlez un côté.*

5 *Posez et piquez la fermeture sur la longueur ouverte de A, en incluant une longueur ouverte de la poche.*

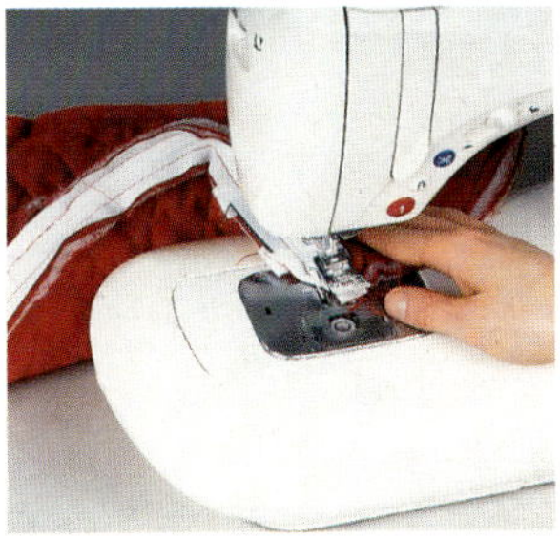

6 *Cousez les pastilles Velcro le long de l'ouverture de la poche.*

7 *Assemblez à la machine, endroit contre endroit A, B et C pour former l'épaisseur et le fond du sac.*

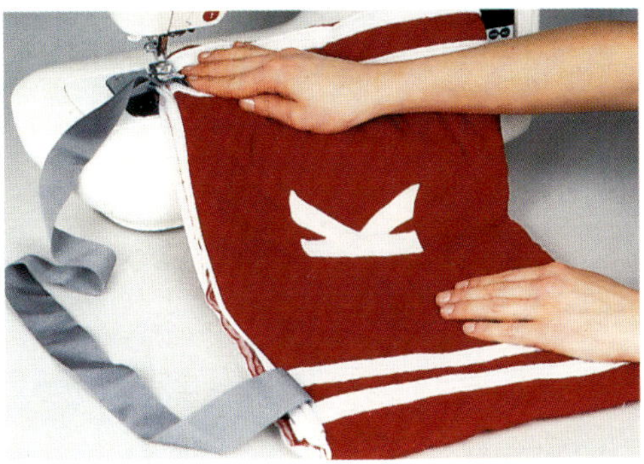

8 *Coupez la sangle en 2 morceaux et piquez leurs extrémités comme indiqué sur le patron.*

Trousse pratique

Temps de réalisation : 3 heures

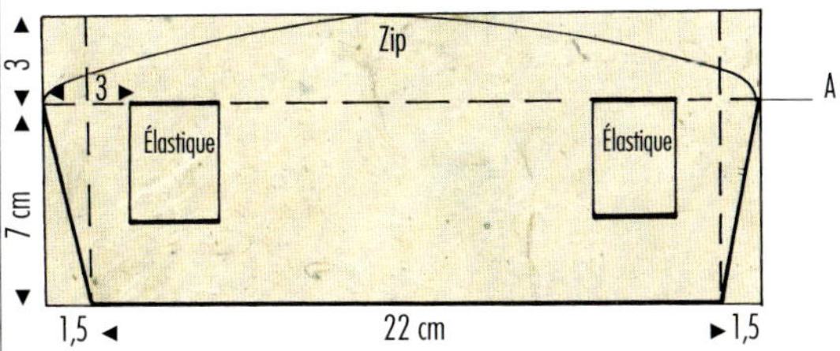

FOURNITURES

- *15 x 40 cm de tissu matelassé*
- *20 x 90 cm de tissu rouge*
- *20 x 10 cm de feutrine*
- *2 x 4 cm d'élastique*
- *2 zips invisibles de 30 cm*

1 *Dans le tissu, coupez 2 rectangles de 28 x 13 cm.*

2 *À l'aide du patron, découpez dans chaque rectangle la forme de la trousse.*

3 *Coupez l'élastique en 2 puis piquez chaque morceau sur une face de la trousse (voir le patron).*

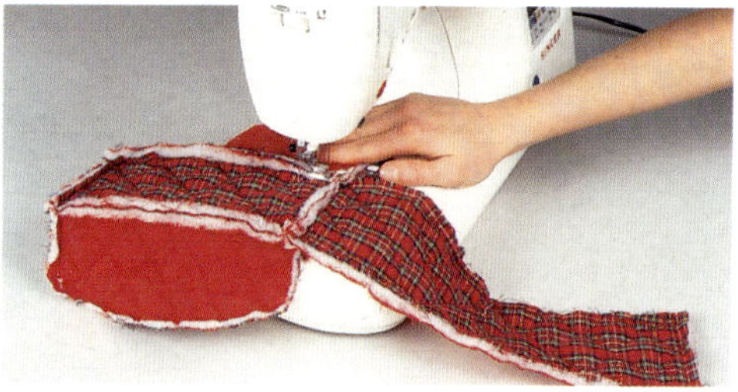

4 *Dans le tissu rouge, coupez 1 bande de 13 x 82 cm pour l'épaisseur. Piquez, endroit contre endroit, en partant du repère A, chaque longueur de la bande avec les longueurs en gras des deux faces. Retournez.*

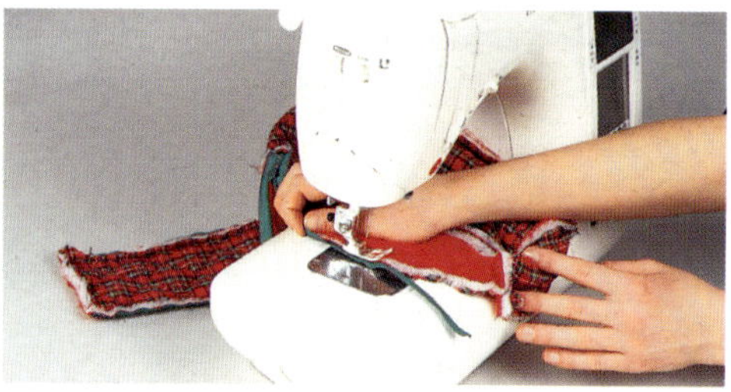

6 *Piquez sur chaque partie supérieure d'une face un zip, qui assemble la bande et la face.*

7 *Réalisez un ourlet à l'extrémité de la bande.*

8 *Découpez 2 étoiles dans la feutrine. Nouez chacune à un fermoir de zip.*

Sac de goûter

Temps de réalisation : un après-midi

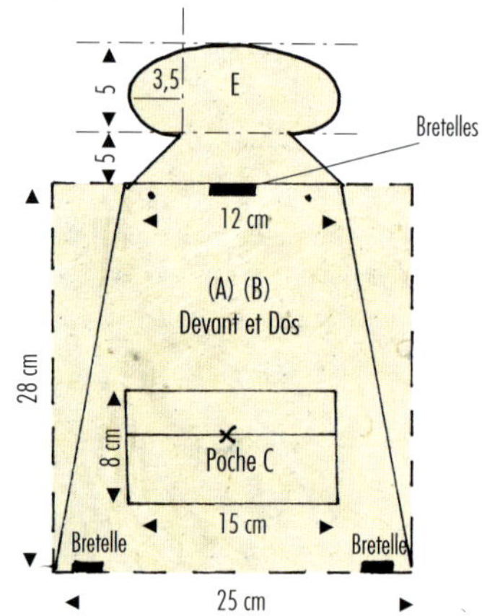

FOURNITURES

- *40 x 90 cm de tissu uni*
- *50 x 90 cm de tissu écossais*
- *2 pressions*
- *1 agrafe*
- *2 pastilles Velcro*
- *Fil assorti*

1 *Dans le tissu écossais, coupez 2 rectangles identiques de 28 x 31 cm (A et B). Découpez-y la forme du sac en suivant le patron.*

2 *Dans le tissu uni, coupez 1 ovale de 28 x 11 cm (D) pour le fond, 2 rectangles de 15 x 13 cm (E) pour le rabat et 2 rectangles de 11 x 18 cm (C). En vous aidant du patron, découpez la forme du rabat dans les 2 rectangles E.*

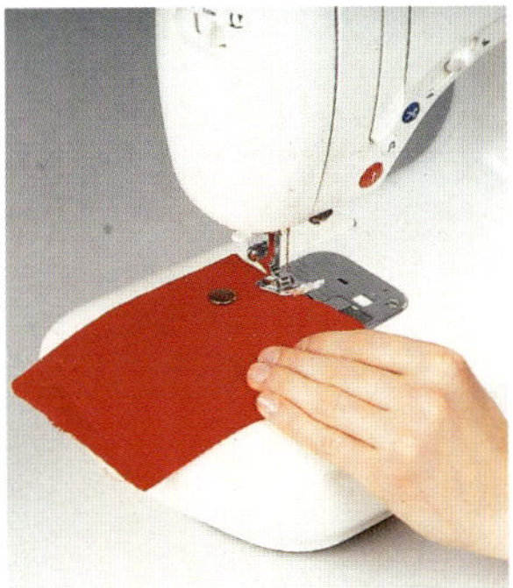

3 *Piquez, endroit contre endroit, les 2 rectangles C en laissant une largeur ouverte. Retournez et fermez.*

4 *Cousez les pastilles Velcro sur l'ouverture de la poche (voir p. 7), et sur A pour la fixer au sac.*

5 *Piquez A et B, endroit contre endroit, en laissant une largeur ouverte.*

6 *Assemblez le fond et le corps du sac. Retournez. Assemblez, endroit contre endroit, les 2 faces de E. Laissez une ouverture pour retourner.*

7 *Piquez le rabat (E) sur le dos du sac (B).*

8 *Dans le tissu écossais, coupez 2 bandes de 76 x 7 cm pour les bretelles. Pliez-les en deux, endroit contre endroit, dans la largeur. Piquez la longueur. Retournez.*

9 *Piquez les extrémités de chaque bretelle au dos du sac, suivant le patron.*

Ambiance enfant

Les enfants veulent toujours faire comme les grands, avoir un sac comme maman ou comme papa, par exemple. Amusez-vous à leur confectionner le sac-coccinelle et la trousse-chien, le drôle de sac avec trousse incorporée et détachable, ou le sac à pyjama de leur rêve. Motifs et couleurs gais, un zeste de couture et vive la maman épatante !

Sac-coccinelle

Temps de réalisation : un après-midi

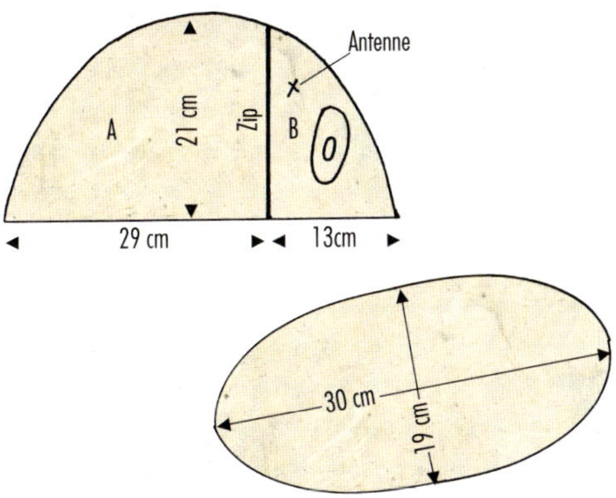

FOURNITURES

- *50 x 90 cm de tissu rouge*
- *10 x 20 cm de plastique*
- *20 pastilles noires*
- *Colle pour tissus*
- *Fil assorti*
- *2 gros grelots*
- *2 cure-pipes de 10 cm*
- *2 yeux*
- *1 zip de 30 cm*

1 *Dans le tissu, découpez 2 fois la forme (A) de 32 cm de long et 2 fois la forme (B) de 16 cm de long.*

2 *Piquez, endroit contre endroit, les contours arrondis de chaque pièce A et de chaque pièce B pour assembler les 2 faces correspondantes.*

3 *Épinglez puis piquez le zip ouvert pour assembler A et B (voir p.6).*

4 *Piquez, endroit contre endroit, le fond avec la base des demi-cercles.*

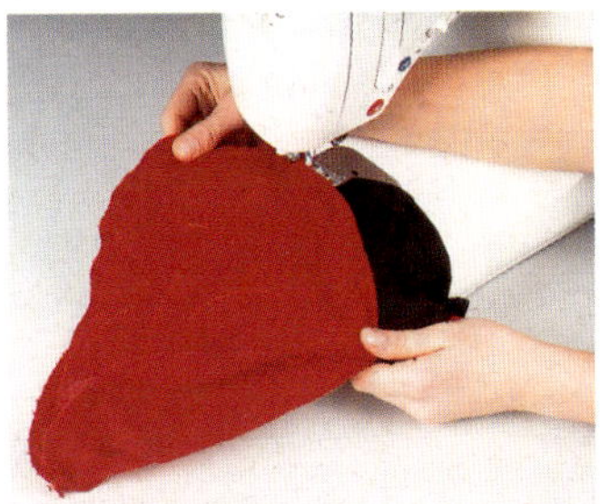

5 *Collez les pastilles noires de chaque côté du sac.*

Mon conseil

Collez le même nombre de pastilles que l'âge de l'enfant. Vous pouvez aussi réaliser la tête de la coccinelle dans un tissu noir.

6 *Dans le plastique transparent, découpez 2 formes ovales dans 1 rectangle de 6 x 9 cm.*

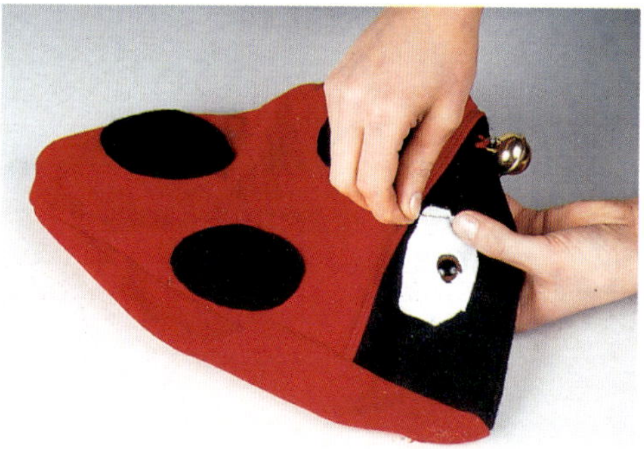

7 *Incluez les yeux dans chaque ovale et piquez le tout sur le sac.*

8 *Attachez les grelots au bout de chaque fil de fer, puis cousez à la main l'extrémité de l'antenne sur le sac au niveau de la croix.*

Mon conseil

Veiller à ne pas utiliser des accessoires qui peuvent s'avérer dangereux pour les enfants.

Sac de nuit

Temps de réalisation : 3 heures

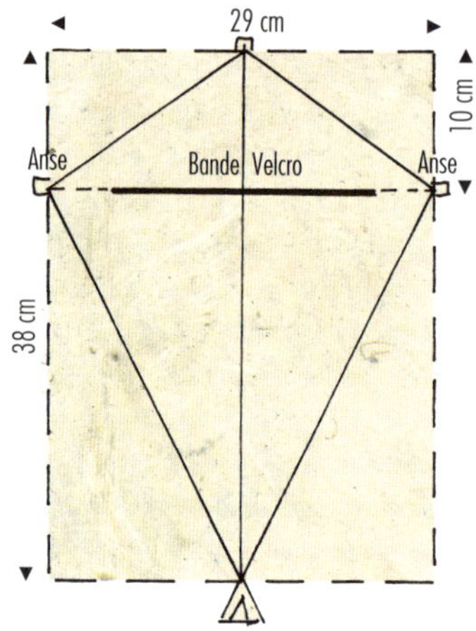

FOURNITURES

- *40 x 90 cm de tissu réversible*
- *60 cm de ruban bleu et de ruban jaune*
- *80 cm de gros-grain bleu*
- *1 bande Velcro de 25 cm*
- *Fil assorti*

1 *Dans le tissu, coupez 2 rectangles de 32 x 41 cm. Découpez dans chacun les formes A et B, sans oublier les valeurs de couture.*

2 *Sur une seule face du cerf-volant, posez et piquez la bande Velcro (voir p. 7) comme indiqué sur le patron.*

3 *Assemblez, endroit contre endroit, les 2 morceaux du dos, puis les 2 faces du sac. Retournez par l'ouverture.*

4 *Piquez les extrémités du gros-grain comme indiqué sur le patron pour faire l'anse.*

5 *Dans les rubans, coupez 3 longueurs de 6 cm et 3 longueurs de 3 cm.*

6 *Cousez ensemble les rubans les plus longs à la queue du cerf-volant et 1 petit ruban aux autres extrémités.*

Trousse-chien

Temps de réalisation : 4 heures

FOURNITURES

- *25 x 50 cm de tissu matelassé*
- *Fil assorti*
- *1 grande feuille de feutrine*
- *1 zip de 25 cm*

1 *Dans le matelassé, coupez 1 rectangle de 26 x 13 cm pour le corps de la trousse et 2 cercles de 11 cm de diamètre pour les épaisseurs.*

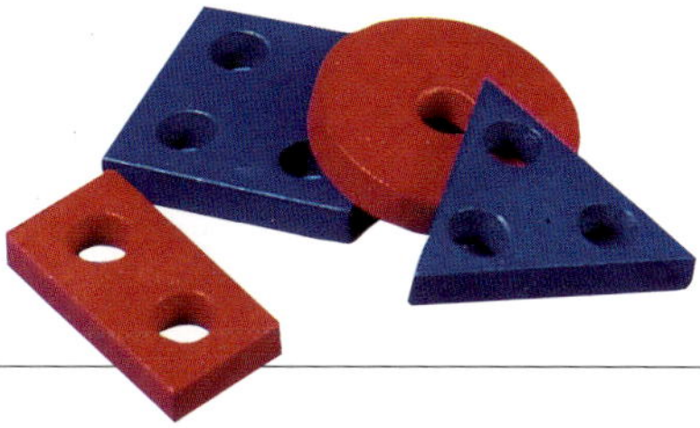

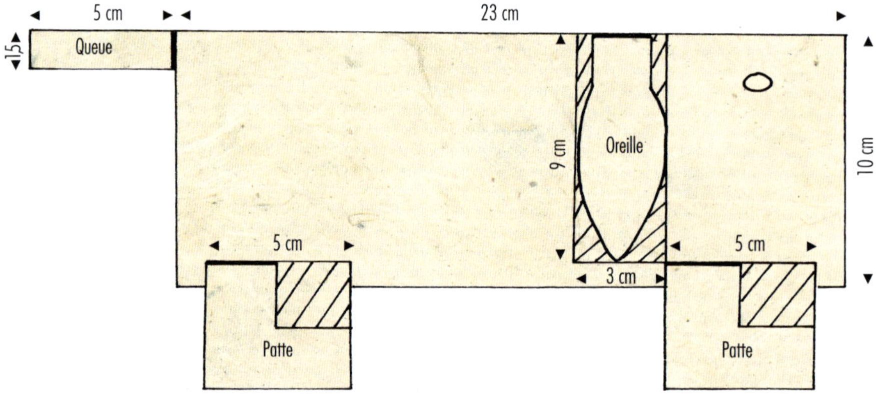

2 *Dans la feutrine, découpez 4 carrés de 5 cm (pattes), 2 rectangles de 9 x 3 cm (oreilles), 1 rectangle de 10 x 1,5 cm (queue).*

3 *En vous aidant du patron, découpez les oreilles et les pattes.*

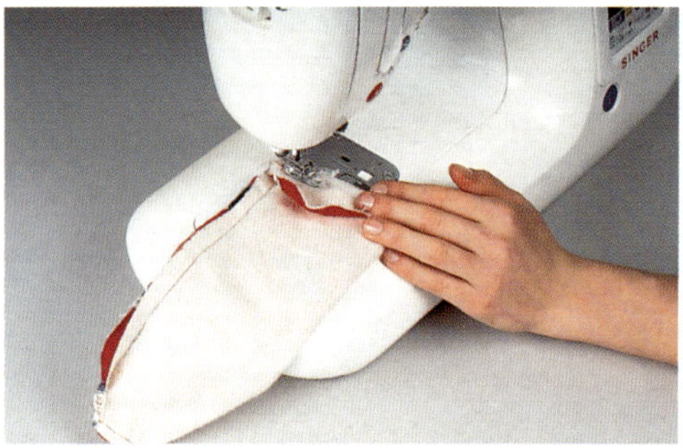

4 *Assemblez, endroit contre endroit, les différents morceaux de la trousse en insérant la queue et les oreilles en feutrine dans les coutures. Laissez la longueur ouverte pour y piquer le zip. Retournez.*

5 *Posez et piquez le zip ouvert.*

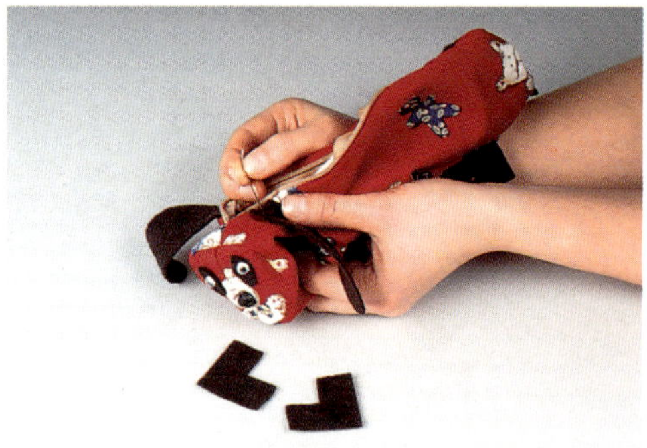

6 *Découpez le nez et les yeux dans la feutrine avant de les coudre, ainsi que les pattes, sur l'épaisseur de la trousse.*

Mon conseil

Pour faciliter la réalisation, on peut aussi acheter une trousse et lui rajouter les éléments en feutrine. Le résultat est semblable.

Drôle de sac

Temps de réalisation : un long après-midi

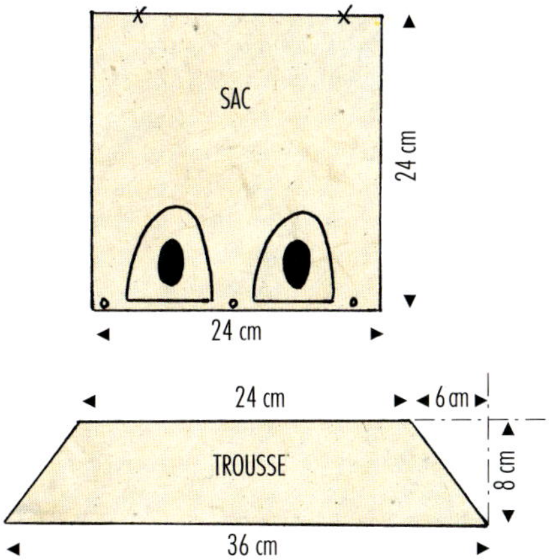

FOURNITURES

- 50 x 90 cm de tissu matelassé
- 40 x 90 cm de tissu rouge
- 35 x 20 cm de tissu blanc
- Plastique transparent
- Feutrine noire
- 1 bande Velcro de 36 cm
- 4 pastilles Velcro
- 1 zip de 20 cm
- Fil assorti

1 *Dans le matelassé, coupez 2 carrés de 27 cm de côté et 1 bande de 75 x 13 cm pour faire le sac.*

2 *Découpez la forme des yeux dans le plastique transparent et dans le tissu blanc. Dans la feutrine, découpez 2 ronds de 3 cm de diamètre.*

3 *En vous aidant du patron, piquez les yeux à 5 mm du bord après avoir collé les pupilles en feutrine.*

4 *Piquez, endroit contre endroit, les longueurs de la bande sur 3 côtés des 2 carrés pour former l'épaisseur du sac. Retournez.*

5 *Dans le tissu rouge, coupez 2 fois la forme de la trousse en ajoutant les valeurs de couture.*

6 *Piquez, endroit contre endroit, les 2 morceaux pour former la trousse. Retournez. Posez puis piquez le zip ouvert sur l'ouverture de la trousse (voir p. 6).*

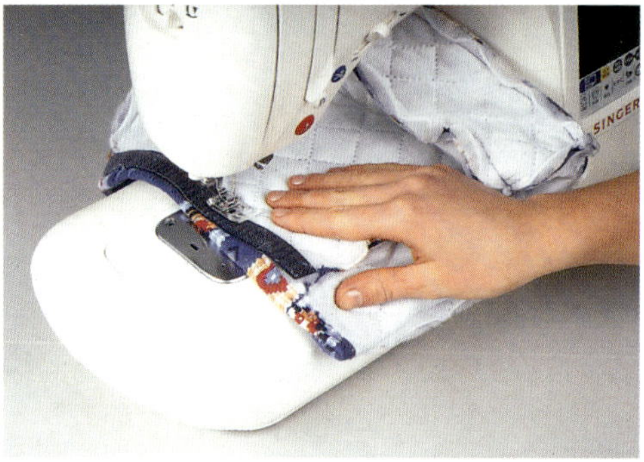

7 Posez la bande Velcro sur l'ouverture du sac que vous aurez ourlée (voir p. 7).

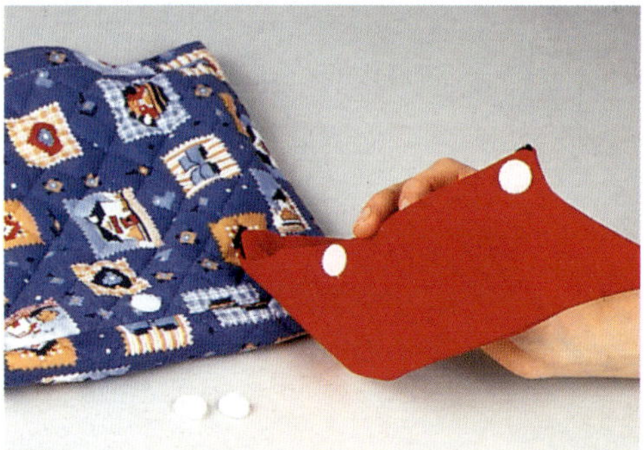

8 Posez les pastilles Velcro (voir p. 7) au dos de la trousse et sur le sac, comme indiqué sur le patron, pour accrocher la trousse.

9 Dans le matelassé, coupez 2 bandes de 75 x 10 cm pour réaliser les bretelles du sac. Pliez-les chacune en deux sur leur largeur, endroit contre endroit. Piquez la longueur. Retournez.

10 Piquez chaque extrémité des bretelles aux endroits indiqués sur le patron.

Sac épatant

Temps de réalisation : 3 heures

FOURNITURES

- *40 cm de coton imprimé*
- *1,60 m de gros-grain de 6 cm de large*
- *2 attaches de bretelles « grand-père »*
- *Fil assorti*

1 Dans l'imprimé, coupez 1 rectangle de 77 x 37 cm. Faites une fente de 5 cm de chaque côté du rectangle, comme indiqué en gras sur le patron.

2 Pliez le rectangle selon les pointillés dessinés sur le patron.

3 Piquez, endroit contre endroit, les longueurs indiquées en gras sur le patron.

4 Ourlez le haut du sac.

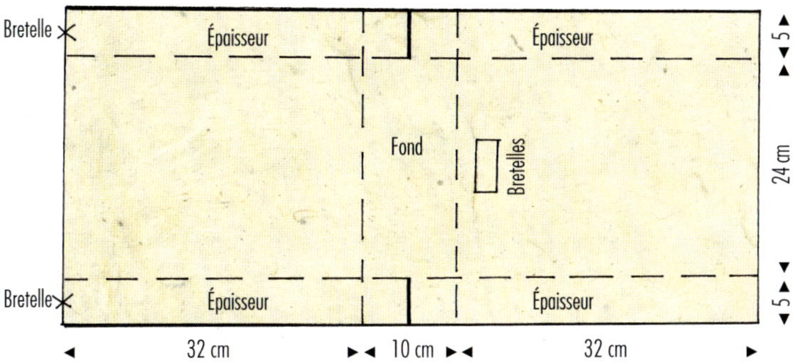

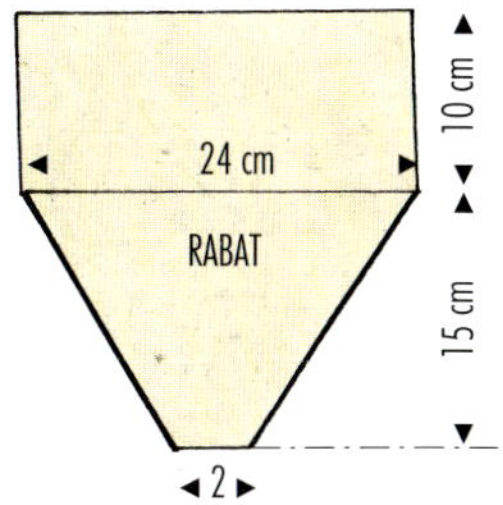

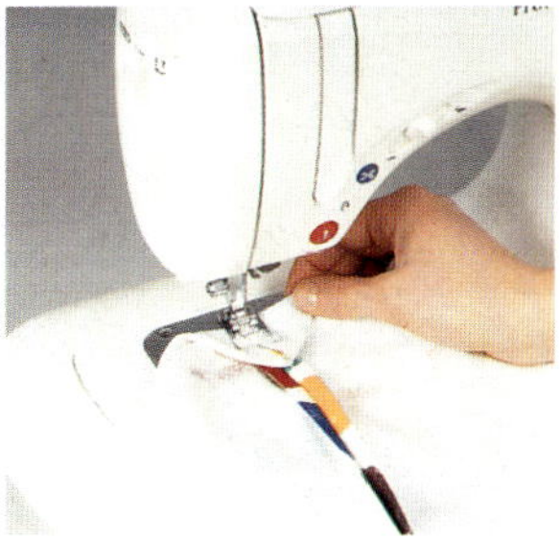

5 *Pliez le rectangle pour constituer le fond du sac. Piquez le pliage. Retournez.*

6 *Dans l'imprimé, coupez 2 fois la forme du rabat. Assemblez-les, endroit contre endroit, en laissant une longueur ouverte. Retournez.*

7 *Assemblez le rabat et une des largeurs du rectangle.*

8 *Coupez le gros-grain en 2 bandes de même longueur pour faire les bretelles.*

9 *Piquez les attaches à chaque extrémité des bretelles.*

10 *Piquez les extrémités des bretelles à l'endroit des croix, accrochez les 2 attaches comme indiqué sur le patron.*

Mon conseil

Le choix du tissu est essentiel pour ce sac. Il existe des rayons de tissus pour enfants avec toutes sortes d'imprimés gais et colorés.

Ambiance liliputienne

Petits mais pratiques, ces sacs sont spécialement étudiés pour y ranger des papiers indispensables, un peu de monnaie ou votre poudrier. Autour du cou, du poignet ou de la taille, ils se dissimulent facilement. Et quel look avec le sac à main en skaï, ou le sac à dos panthère...

Mini-sac

Temps de réalisation : 1 heure 30

F O U R N I T U R E S

- *30 x 30 cm de tissu brillant*
- *1 pot de paillettes argentées adhésives*
- *2 pastilles Velcro*
- *1 lacet perlé (70 cm)*
- *Fil assorti*
- *Colle pour tissus*

1 *Dans le tissu, découpez 2 cercles de 14 cm de diamètre pour les faces du sac.*

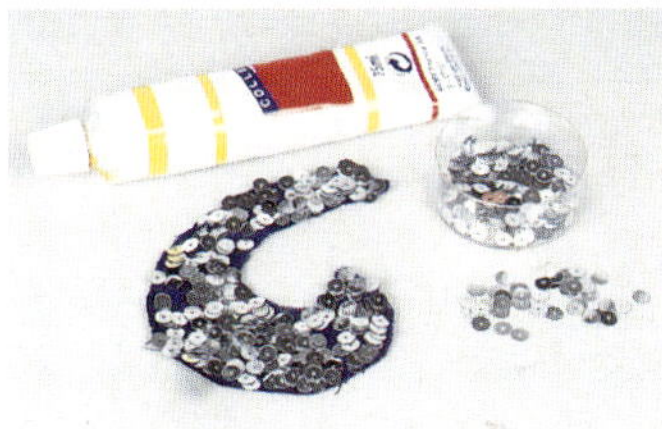

2 *Collez des paillettes sur chaque cercle, selon le motif désiré.*

3 *Piquez, endroit contre endroit, le pourtour des 2 cercles en laissant une ouverture de 9 cm.*

4 *Posez les pastilles Velcro (voir p. 7) de façon qu'elles ferment l'ouverture.*

5 *Aux extrémités de l'ouverture, cousez solidement, à la main, chaque extrémité du lacet perlé.*

Bourse-bracelet

Temps de réalisation : 2 heures

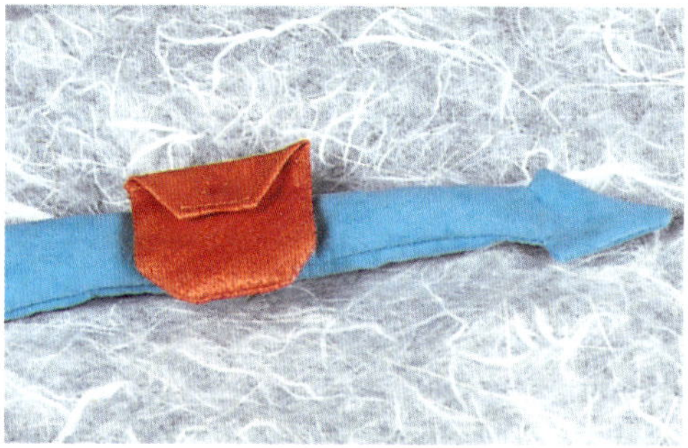

FOURNITURES

- 55 x 35 cm de tissu imitation daim bleu
- 17 x 17 cm de tissu orange
- 1 pastille Velcro
- 6 x 2 cm de bande Velcro
- 1 pression

1 *Dans le « daim », coupez 2 rectangles de 25 x 7 cm.*

2 *Découpez la flèche du patron dans chaque rectangle.*

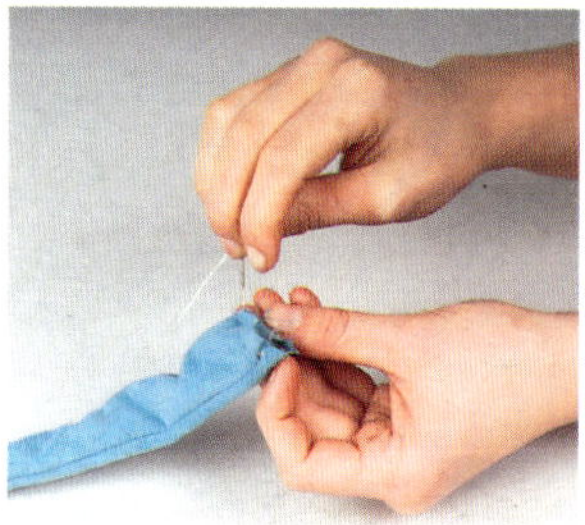

3 *Assemblez à la machine, endroit contre endroit, les 2 éléments en laissant la largeur ouverte. Retournez et fermez à la main.*

4 *Dans le tissu orange, découpez 2 rectangles de 7 x 17 cm de côté.*

5 *Pliez chaque rectangle en 3 parties égales. Coupez en pointe une des parties pour former le rabat de la poche. Dépliez et superposez les 2 rectangles endroit contre endroit. Piquez en laissant une largeur ouverte. Retournez et fermez.*

6 *Repliez le rectangle en 3 et piquez les côtés des 2 parties sous le rabat, pour former la poche.*

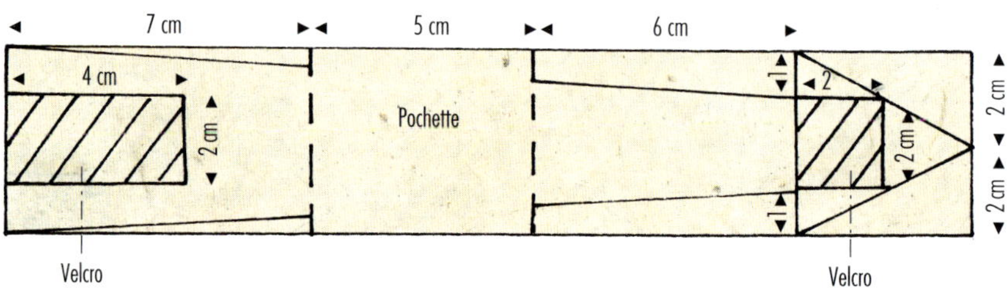

7 *Placez cette poche sur l'endroit entre pointillés (voir patron) du bracelet à l'aide d'une pastille Velcro.*

8 *Cousez à la main la pression au centre du rabat et sur la poche.*

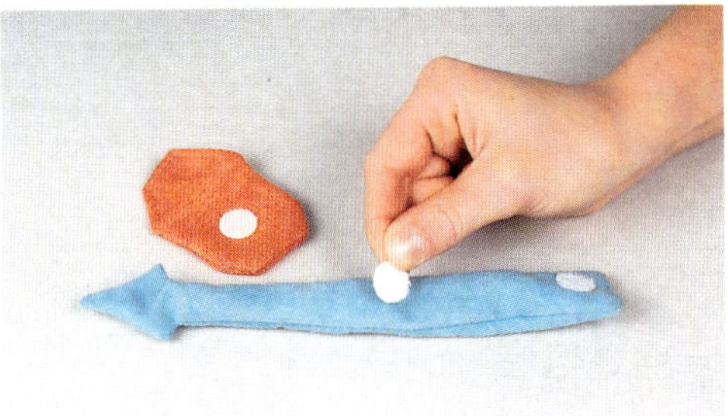

9 *Cousez la bande Velcro comme indiqué sur le patron, pour pouvoir fermer le bracelet.*

Trousse-ceinture

Temps de réalisation : 3 heures

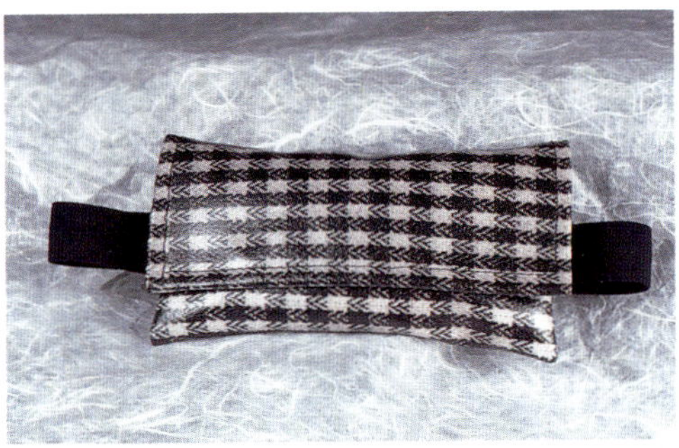

F O U R N I T U R E S

- *1 m de skaï en 90 de large*
- *Pastilles Velcro*
- *Fil assorti*

1 *Dans le skaï, coupez 2 rectangles de 33 x 22 cm pour la trousse.*

2 *Assemblez ces 2 rectangles, endroit contre endroit, en laissant une largeur ouverte. Retournez et fermez à la main.*

3 *Dans le skaï, coupez 2 rectangles de 10 x 5 cm pour faire les passants de ceinture.*

4 *Pliez le rectangle-trousse, dans sa largeur, endroit contre endroit, en 3 parties égales. La troisième partie constitue le rabat. Piquez les petits côtés des 2 autres, retournez.*

5 *Au dos de la trousse, piquez les deux passants.*

6 *Cousez les pastilles Velcro à l'intérieur du rabat et sur le corps de la trousse (voir p. 7).*

Petit sac à main

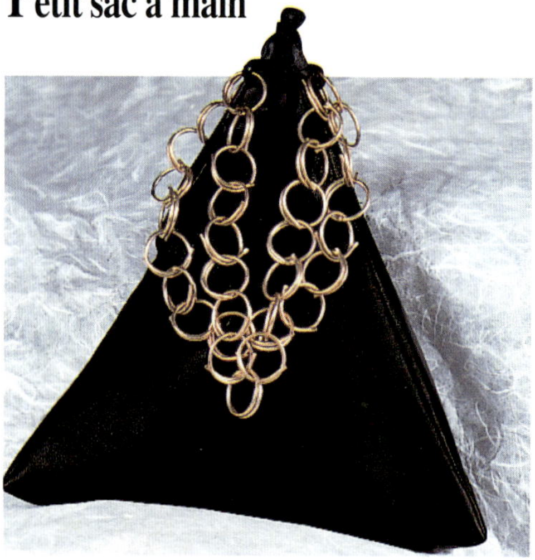

Temps de réalisation : 3 heures

FOURNITURES

- *60 x 90 cm de skaï*
- *1 clip décoratif*
- *1 zip de 20 cm*
- *32 anneaux de 3 cm de diamètre*
- *Fil assorti*

1 *Dans le skaï, coupez 2 carrés de 30 cm de côté. Dans chaque carré, tracez un triangle équilatéral. Coupez.*

2 *Assemblez et piquez, endroit contre endroit, la base des 2 triangles.*

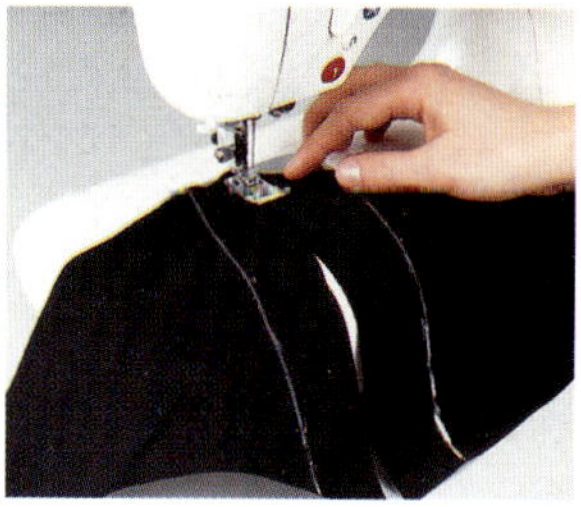

3 *Tracez 1 droite à 4,5 cm de part et d'autre de la base. Pliez sur ces 2 droites pour constituer le fond du sac.*

4 *Dans le skaï, coupez 2 rectangles de 24 x 12 cm. Découpez-y 2 triangles isocèles de 12 cm de base.*

5 *Piquez, endroit contre endroit, l'un des triangles pour former le côté droit du sac. Assemblez le côté gauche en piquant le zip sur l'une des longueurs.*

6 *Cousez à la main l'attache décorative au sommet du triangle et sur l'intérieur.*

7 *Accrochez ensemble 16 anneaux pour former chacune des anses.*

8 *Cousez chaque anneau des extrémités des anses à la pointe du sac.*

Petit sac à dos

Temps de réalisation : 4 heures

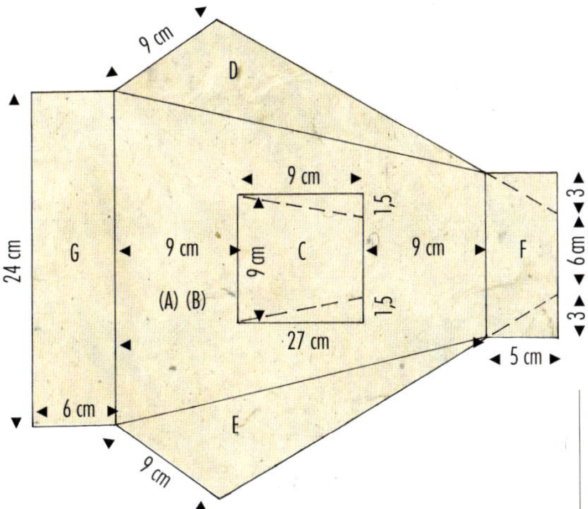

F O U R N I T U R E S

- *3,50 x 1,20 m de tissu imitation panthère*
- *40 x 90 cm de skaï*
- *Fil assorti*

1 *Dans le tissu, coupez 2 rectangles de 27 x 30 cm (A et B) pour le sac, 2 rectangles de 12 x 30 cm (D et E) pour les épaisseurs et 1 rectangle de 9 x 27 cm pour le fond (G). Dans le skaï, coupez 1 rectangle de 12 x 25 cm pour la poche (C) et 1 rectangle de 8 x 15 cm pour le rabat. Découpez dans chaque rectangle la forme indiquée sur le patron. Ourlez 3 côtés du rabat en lui donnant la forme du patron.*

2 *Pliez le rectangle destiné à faire la poche en 3 parties. Découpez une des parties de façon à faire un rabat. Faites un rentré de 1 cm tout autour. Piquez ce rabat et les coutures de côté. Piquez la poche sur le sac.*

3 *Pour réaliser les bretelles, coupez 2 bandes de skaï de 87 x 6 cm. Pliez chacune en 2 sur la largeur, endroit contre endroit. Piquez la longueur. Retournez. Épinglez 1 extrémité des bretelles en haut et au dos du sac. Croisez les bretelles puis épinglez les autres extrémités au dos et en bas du sac. Vous les piquerez après avoir monté le sac.*

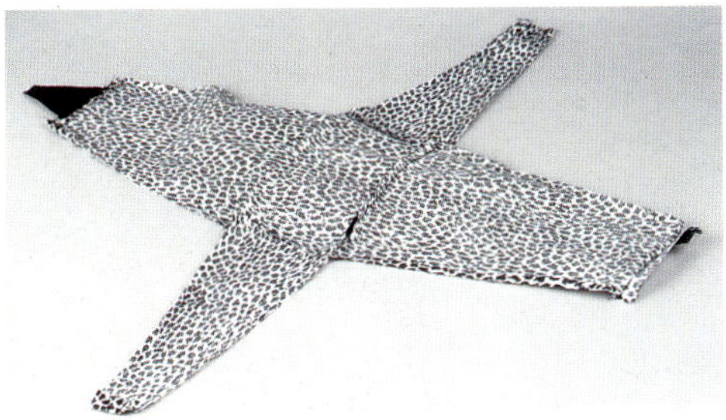

4 *En vous aidant du patron, assemblez et piquez, endroit contre endroit, les différentes pièces.*

REPORTAGES

Ambiance pratique

Chaque réalisation a une fonction bien précise, tout en vous permettant de vraiment personnaliser votre quotidien. Vous pourrez décorer votre armoire et parfumer votre linge, vous fabriquer une trousse de couturière digne de ce nom, ou un étui à lunettes qui deviendra vite indispensable. Le porte-documents, et le « sac-maman » vous seront utiles à un moment donné, c'est sûr !

Sac à senteurs

Temps de réalisation : 1 heure

F O U R N I T U R E S

- *30 x 20 cm de tissu patchwork*
- *60 cm de cordelette*
- *Lavande ou senteur au choix*
- *Fil assorti*

1 *Dans le tissu, coupez 1 rectangle de 30 x 18 cm. Pliez-le dans la longueur, endroit contre endroit, en 2 parties égales.*

2 *Piquez la longueur pliée et la largeur. Retournez. Faites un revers vers l'intérieur sur la largeur ouverte. Piquez-le à 5 mm du bord.*

3 *Remplissez la poche de lavande.*

4 *Fermez le sac en serrant bien fort la cordelette à environ 2 cm de l'ouverture.*

Trousse de couture

Temps de réalisation : 3 heures

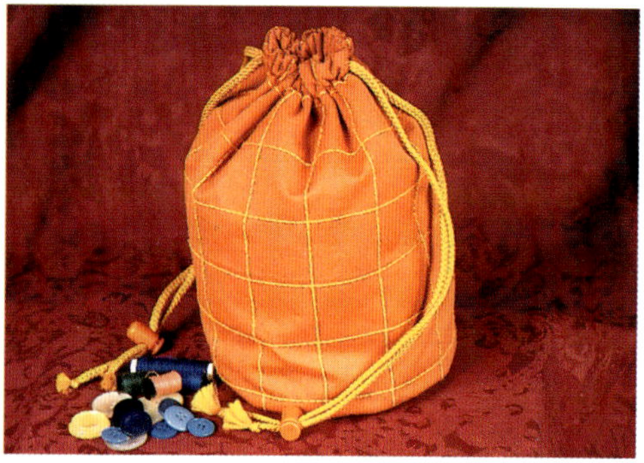

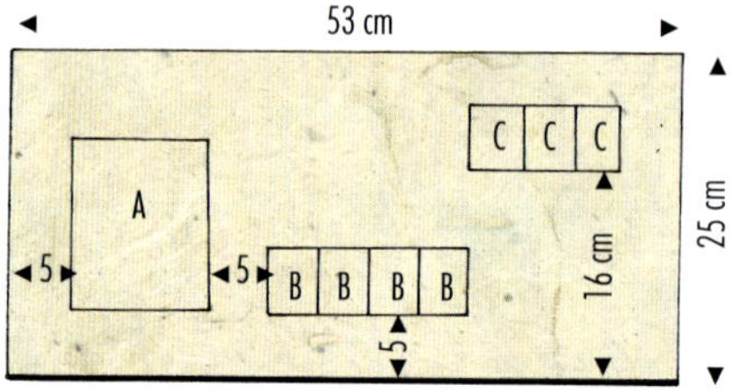

F O U R N I T U R E S

- *50 x 90 cm de tissu épais*
- *50 x 50 cm de coton blanc épais*
- *2 cordelettes de 65 cm*
- *2 boules-pression*
- *1 épingle à nourrice*
- *Fil assorti*

1 *Dans le tissu, coupez 2 rectangles de 28 x 56 cm et 1 cercle de 20 cm de diamètre.*

2 *Dans le coton blanc, coupez 1 rectangle de 12 x 14 cm (A), 4 rectangles de 6 x 5 cm (B), et 4 carrés de 5 cm de côté (C) pour les poches intérieures. Surfilez-les toutes.*

3 *Marquez au fer un rentré de 1 cm tout autour de chaque poche.*

4 *En vous aidant du patron, ou à votre guise, positionnez les poches sur l'envers de l'un des rectangles.*

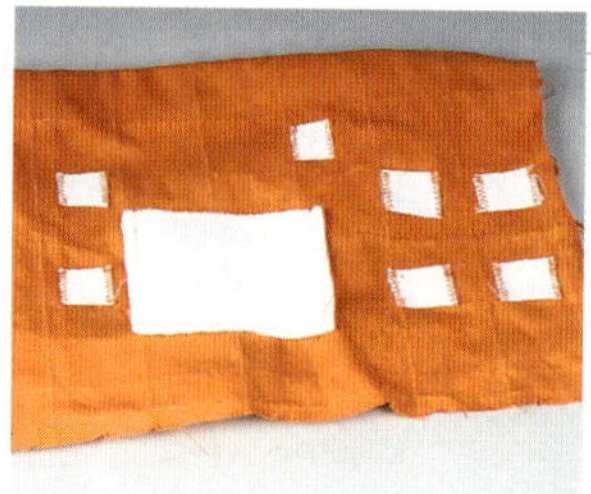

5 *Piquez chaque poche à 5 mm du bord. Superposez les 2 rectangles du sac (poches à l'intérieur) et assemblez-les en laissant une longueur ouverte. Retournez. Pliez le sac en 2, dans la longueur, et piquez la couture de côté.*

6 *Assemblez, endroit contre endroit, la longueur ouverte (indiquée en gras sur le patron) avec le contour du cercle. Crantez le surplus de couture à 6 mm de la couture du cercle. Retournez.*

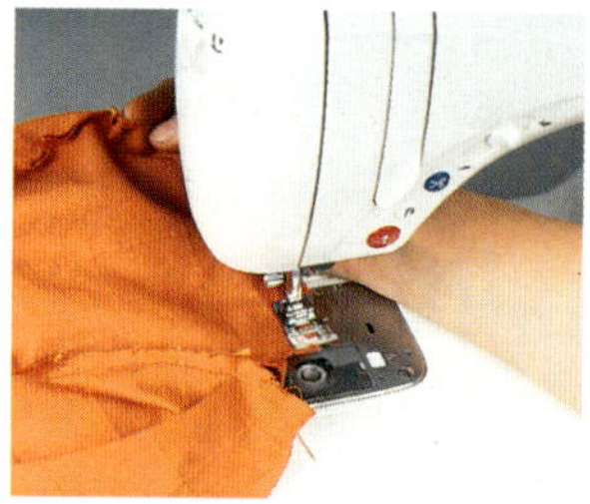

7 *Surfilez le haut du sac, rabattez-le, puis piquez à 2 cm de l'ouverture. Faites 2 fentes dans cette coulisse et surfilez-les.*

8 *À l'aide d'une épingle à nourrice, enfilez une première cordelette par une ouverture, et faites-la ressortir par la même ouverture.*

9 *Enfilez la deuxième cordelette par l'autre ouverture en la faisant ressortir par cette même ouverture.*

10 *Rajoutez 2 boules-pression à chaque extrémité des 2 cordelettes sortant par la même ouverture.*

Étui à lunettes

Temps de réalisation : 1 heure

F O U R N I T U R E S

- *30 cm x 30 cm de tissu molletonné*
- *1 lacet de 65 cm*
- *1 bouton ; 3 anneaux*
- *11 cm de bande Velcro*
- *Fil assorti*

1 *Dans le tissu molletonné, découpez 2 rectangles de 24 x 14 cm.*

2 *Assemblez à la machine, endroit contre endroit, ces 2 rectangles en laissant une largeur ouverte.*

3 *Piquez la bande Velcro sur la largeur ouverte* *(voir p. 7)**, retournez.*

4 *Cousez les 3 anneaux aux intersections de l'étui. Nouez le lacet aux anneaux pour faire une bride.*

Porte-documents

Temps de réalisation : un après-midi

F O U R N I T U R E S

- *90 x 140 cm de tissu*
- *Colle pour tissus*
- *Carton*
- *Fil assorti*

1 *Dans le tissu, coupez 2 rectangles de 63 x 33 cm.*

2 *Pour réaliser les plis « accordéon » de chaque rectangle, pliez et repassez toujours dans le sens de la largeur :*

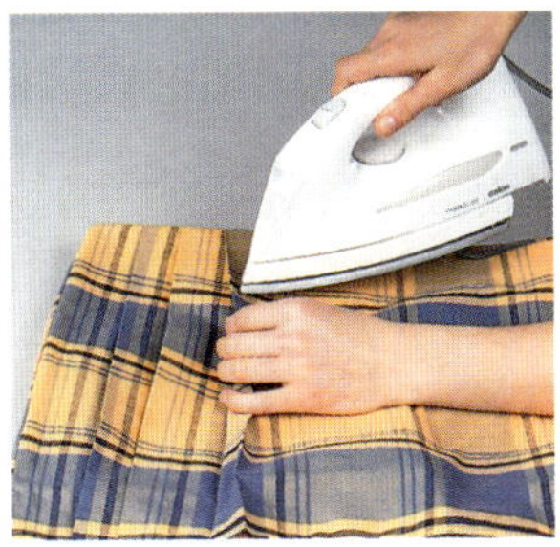

- à 8,5 cm du bord d'une largeur, envers contre envers
- à 2 cm du pliage, endroit contre endroit
- à 6 cm du pliage, envers contre envers
- à 3 cm du pliage, endroit contre endroit
- à 6 cm du pliage, envers contre envers
- à 3 cm du pliage, endroit contre endroit

3 Dans le tissu, coupez 1 bande de 17 x 129 cm.

4 Assemblez à la machine, endroit contre endroit, chaque rectangle avec une longueur de bande pour former l'épaisseur du sac, laissez une longueur ouverte. Retournez.

5 Réalisez un ourlet sur tous les bords de la longueur ouverte.

6 Contrecollez les mêmes dimensions de carton à l'intérieur du sac.

7 Dans le tissu, coupez 2 rectangles de 33 x 47 cm pour constituer un intercalaire. Coupez un rectangle identique dans le carton.

8 Assemblez à la machine, endroit contre endroit, les deux largeurs et une longueur des 2 rectangles. Retournez.

9 Glissez-y le rectangle de carton. Fermez l'ouverture à la main.

10 Placez le rectangle dans la boîte ; il servira d'intercalaire.

Sac jeune maman

Temps de réalisation : un après-midi

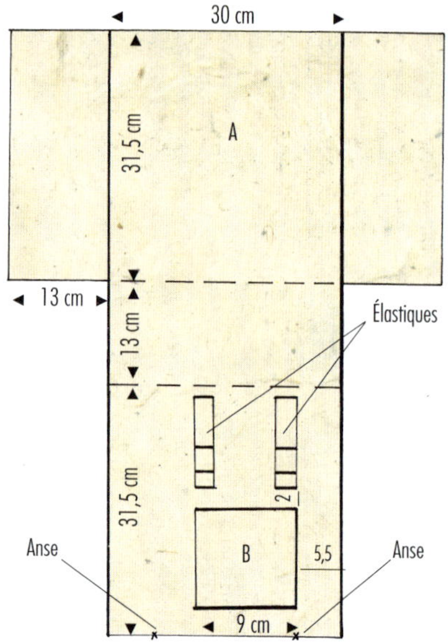

F O U R N I T U R E S

- *1 m de coton matelassé en 90 de large*
- *50 x 90 cm de tissu épais bleu*
- *1 zip de 30 cm*
- *26 cm d'élastique (2 cm de large)*
- *4 pastilles Velcro*
- *40 cm de bande Velcro*
- *Fil assorti*

Le sac

1 *Dans un rectangle de 59 x 79 cm de coton matelassé, coupez la forme du sac et ses épaisseurs (A), et 1 carré de 12 cm de côté. Dans le tissu bleu, coupez 1 rectangle de 28 x 25 cm pour la poche extérieure (C).*

2 *Pliez les largeurs et longueurs de B sur l'envers à 1 cm du bord. Repassez ces rentrés.*

3 *En suivant le patron, placez et piquez 3 côtés de B sur l'envers de A, à 5 mm du bord pour faire une poche intérieure. Ourlez son bord ouvert.*

4 *Coupez et piquez l'élastique, à la place indiquée sur le patron, à 2 cm, 4 cm et 7 cm.*

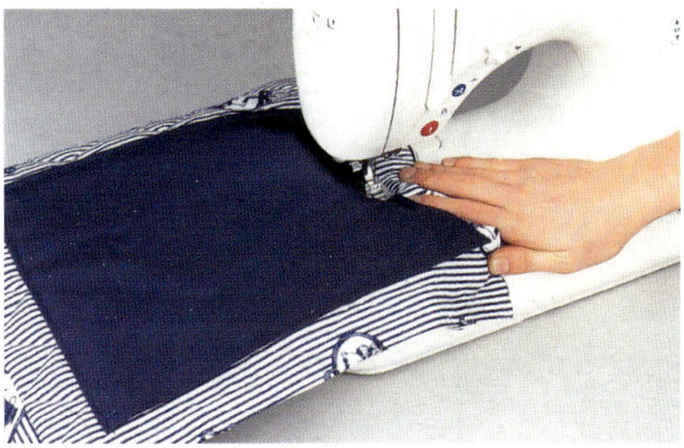

5 *Ourlez un des côtés de C. Pliez les 3 autres côtés sur l'envers, à 1 cm. Marquez ces plis au fer. Piquez les 3 côtés de la poche sur l'extérieur du sac.*

6 *Pliez A dans le sens de la largeur à 31,5 cm puis à 13 cm pour former le fond du sac. Repassez le pliage.*

7 *Pliez les épaisseurs du sac et marquez ces plis au fer. Bâtissez le sac endroit contre endroit.*

8 *Piquez tous les côtés pour former le sac. Retournez.*

La pochette

9 *Dans le tissu bleu, coupez un rectangle de 16 x 23 cm. Pliez-le en 2, endroit contre endroit. Assemblez les largeurs à la machine. Retournez.*

10 *Posez le zip sur l'ouverture. Cousez les pastilles Velcro au dos de cette pochette et au centre de C, où vous pourrez la fixer.*

Les finitions

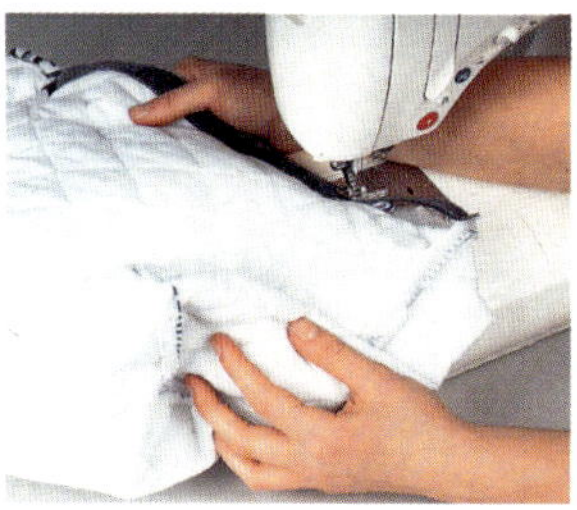

11 *Piquez la bande Velcro sur l'ouverture du sac (voir p. 7).*

12 *Réalisez les sangles dans le tissu matelassé. Piquez chaque extrémité d'une même sangle sur l'envers du sac, au niveau des croix indiquées sur le patron.*

PETALE
DORE

Ambiance salle de bains

**Harmonisez les couleurs de votre salle de bains.
Bleu-blanc : tout est bien en ordre dans le sac à poches prévu et conçu spécialement pour que tout trouve sa place.
Jaune-bleu : l'incontournable trousse de maquillage et le nouveau modèle gagnant, équipé de grelots et de poissons, s'appelle le sac éponge.
Blanc-jaune : la trousse de toilette indispensable qui vous suit partout où vous allez.**

Sac à rangements multiples

Temps de réalisation : 4 heures

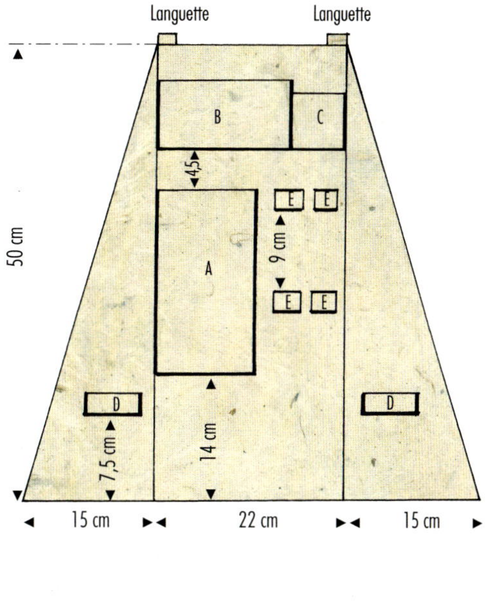

FOURNITURES

- *75 x 90 cm de toile*
- *Fil assorti*
- *1,50 m de biais blanc*
- *1 baguette de 60 cm*

1 *Coupez la forme du patron dans un rectangle de toile de 55 x 53 cm.*

2 *Dans les raies verticales, coupez 1 rectangle de 13 x 22 cm (A), 1 rectangle de 11 x 18 cm (B), 1 carré de 8 cm de côté (C), 2 rectangles de 8 x 6 cm (D) et 4 rectangles de 5 x 4 cm (E).*

3 *Marquez, au fer à repasser, un pli de 1 cm sur 3 côtés de toutes les poches. Ourlez le dernier côté de chaque poche.*

4 *Bâtissez les poches sur le grand rectangle selon les emplacements indiqués sur le patron.*

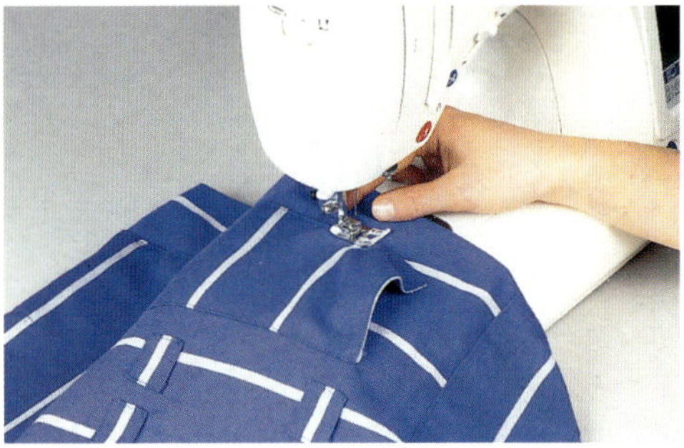

5 *Surpiquez les poches à 3 mm du bord.*
6 *Posez et piquez le biais autour de l'ensemble et, si vous le souhaitez, sur l'ouverture des poches.*

7 *Dans la bâche, coupez 2 rectangles de 8 x 6 cm pour faire les passants.*

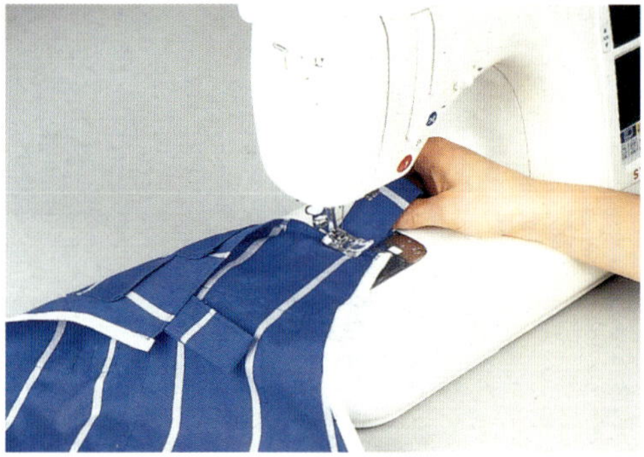

8 *Faites un rentré de 1 cm sur tous les côtés de ces rectangles. Pliez-les, endroit contre endroit en 2 parties égales. En suivant le patron, piquez les 2 largeurs pliées de chaque languette.*

9 *Glissez-y la baguette pour pouvoir accrocher votre sac.*

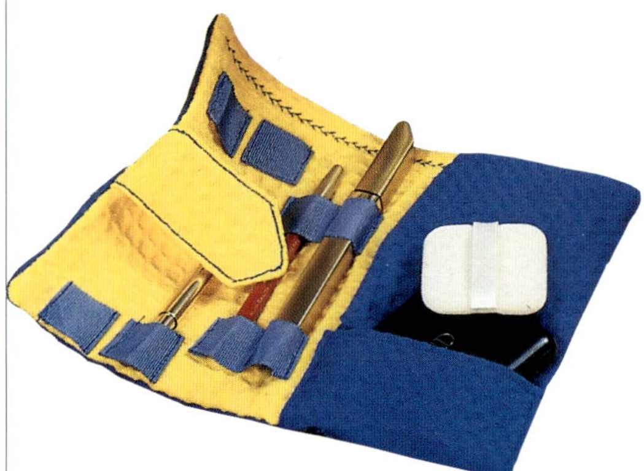

Trousse de maquillage

Temps de réalisation : 4 heures

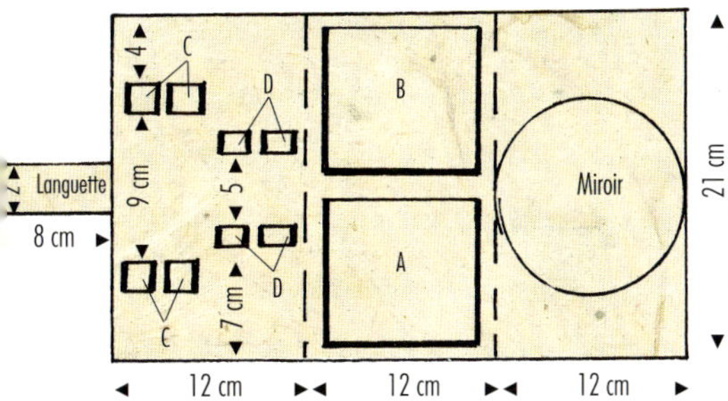

F O U R N I T U R E S

- *30 x 40 cm de tissu nid d'abeille bleu*
- *30 x 40 cm de tissu nid d'abeille jaune*
- *1 pression*
- *1 miroir*
- *Colle pour tissus*
- *Fil assorti*

1 *Dans les tissus nid d'abeille bleu et jaune, coupez 2 grands rectangles de 24 x 39 cm, 2 carrés de 12 cm de côté (A et B), 4 carrés de 4 cm de côté (C), et 4 rectangles de 3,5 x 3 cm (D).*

2 *Faites un rentré de 1 cm sur tous les côtés des morceaux précédents. Marquez les plis au fer.*

3 *À l'aide du patron, placez les différentes pièces sur l'un des grands rectangles. Piquez les côtés indiqués en gras sur le patron.*

4 *Dans le nid d'abeille jaune, coupez 2 rectangles de 11 x 5 cm pour faire une languette, puis découpez-les en pointe.*

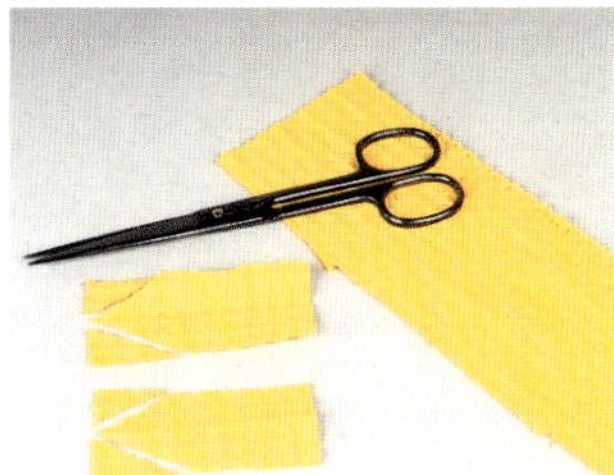

5 *Piquez 3 côtés des languettes, endroit contre endroit, en laissant une largeur ouverte. Retournez.*

6 *Assemblez à la machine, endroit contre endroit, les grands rectangles en intercalant la languette et en laissant une largeur ouverte. Retournez et fermez à la main.*

7 *Cousez 1 partie de la pression sur la pointe de la languette, l'autre au dos de la trousse. Vous la roulerez pour la fermer.*

8 *Collez le miroir comme indiqué sur le patron, après l'avoir enduit de colle pour tissus.*

Trousse de toilette

Temps de réalisation : 2 heures

F O U R N I T U R E S

- *50 x 50 cm de tissu*
- *1 zip de 30 cm ; Fil*

1 *Dans le tissu, coupez 1 rectangle de 43 x 33 cm pour la trousse, et 2 rectangles de 11 x 19 cm pour les épaisseurs.*

2 *Pliez le grand rectangle, endroit contre endroit, dans le sens de la largeur à 16 cm du bord puis à 8 cm de ce premier pli, ce qui constitue le fond de la trousse. Marquez ces plis au fer.*

3 *Assemblez à la machine, endroit contre endroit, les faces et les épaisseurs de la trousse.*

4 *Posez et piquez la fermeture à glissière (voir p. 6) sur les deux largeurs assemblées. Retournez.*

Sac éponge

Temps de réalisation : 2 heures

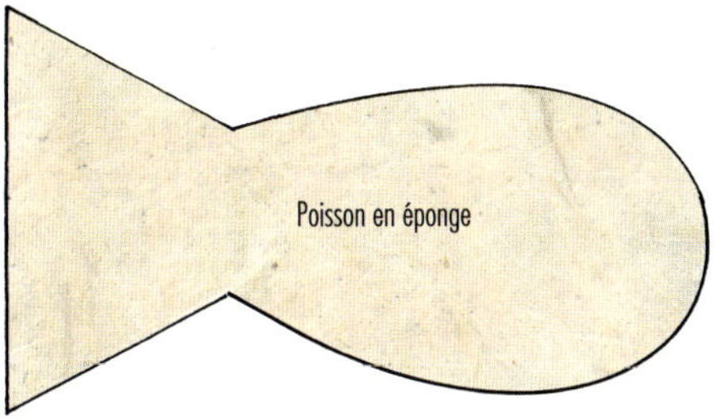

F O U R N I T U R E S

- *30 x 90 cm d'éponge*
- *1 épingle à nourrice*
- *1 cordelette de 40 cm*
- *2 éponges synthétiques*
- *12 grelots*
- *Fil assorti*

1 *Dans le tissu éponge, coupez 2 rectangles de 27 x 24 cm. Découpez-y 2 trapèzes dont la base mesure 27 cm de large, et le bord haut, 18 cm de large.*

2 *Dans le tissu éponge, coupez 1 cercle de 15 cm de diamètre.*

3 *Assemblez à la machine, endroit contre endroit, le contour du cercle avec la base du trapèze. Fermez les coutures de côté. Retournez.*

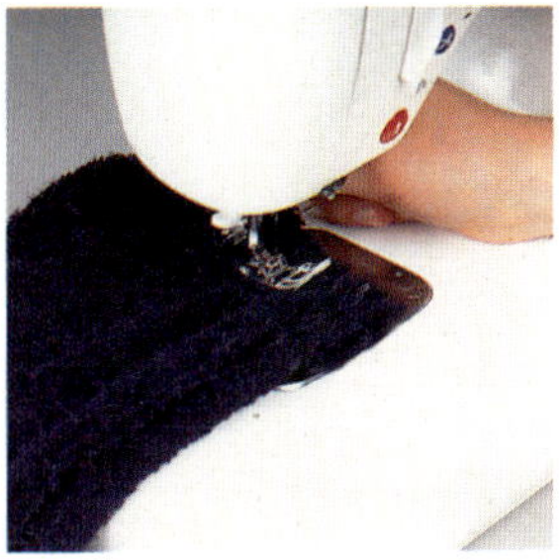

4 *Faites un revers à l'ouverture ourlée du sac et réalisez un passant en piquant 2 coutures parallèles, espacées de 1,5 cm, tout le long de l'ouverture.*

5 *Dans le passant, introduisez la cordelette à l'aide de l'épingle à nourrice.*

6 *Découpez 6 poissons dans les éponges en vous aidant du patron.*

7 *Disposez-les sur le sac. Faites quelques points à la main avec du fil jaune au niveau du rétrécissement de la queue des poissons.*

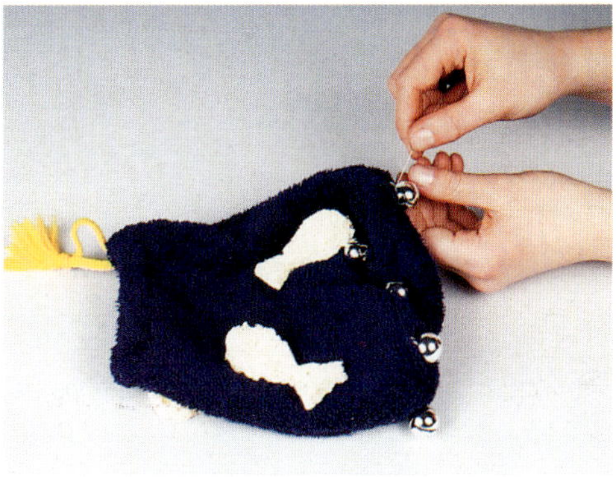

8 *Cousez les grelots, espacés de 2 cm, tout autour du fond du sac.*

Remerciements

Merci à Anne Valéry, Louise de Chavigny,
Éric et Odile Bertrand ;
à la société Singer pour la réalisation des projets,
et particulièrement
Joëlle Buono et Paulette Walter ;
à la maison Bouchara qui, avec l'auteur, a sélectionné ces merveilleux tissus ;
enfin au magasin Pain d'épices,
29-31 passage Jouffroy, 75009 Paris, pour le prêt des jouets.

Adresse utile

Tissus

Bouchara : 54, boulevard Haussmann,
75009 Paris.
Liste des points de vente
au 02.98.43.07.33.

Secrétariat d'édition : Frédérique Pélissier
Maquette : Filigrane
Dépôt légal : 7967.04.1998
N° d'éditeur : 44864
ISBN : 2.01.620775.2
62.73.0775.7
Impression : Canale, Turin (Italie).